U0892142

青少年跨栏项目训练指导手册

中国田径协会　编

人民体育出版社

图书在版编目（CIP）数据

青少年跨栏项目训练指导手册 / 中国田径协会编
. -- 北京：人民体育出版社，2023
ISBN 978-7-5009-6240-3

Ⅰ. ①青… Ⅱ. ①中… Ⅲ. ①青少年－跨栏跑－运动训练－手册 Ⅳ. ①G822.62-62

中国版本图书馆 CIP 数据核字（2022）第 235878 号

*

人民体育出版社出版发行
北京中科印刷有限公司印刷
新 华 书 店 经 销

*

710×1000 16 开本 10 印张 167 千字
2023 年 8 月第 1 版 2023 年 8 月第 1 次印刷

*

ISBN 978-7-5009-6240-3
定价：50.00 元

社址：北京市东城区体育馆路 8 号（天坛公园东门）
电话：67151482（发行部） 邮编：100061
传真：67151483 邮购：67118491
网址：www.psphpress.com
（购买本社图书，如遇有缺损页可与邮购部联系）

编委会

主　　编：王　楠

副 主 编：隋拥军　蔡　勇　田晓君　朱玉青

责任主编：陈　雷　孙海平

编写组成员：吴　峰　张增惠　黄潇潇　熊　瑛　赵　冉

直道跨栏跑 · 序

PREFACE

直道跨栏是田径运动中技术性较强和观赏性较高的运动项目，需要在固定的110米或100米距离内，进行全力和全速的跑动和跨越，以最少用时完成连续越过10个固定高度和距离的栏架障碍。跨栏项目能够培养青少年的速度能力、跨越能力、协调能力、灵敏能力和爆发力等竞技运动能力，也有助于培养青少年勇敢拼搏的精神，不断突破自我、超越自我和追求卓越的意志品质。

在中国田径发展史上，跨栏项目一直是传统优势（拳头）项目。特别是男子110米高栏，我国老一辈的跨栏运动员曾经获得许多国际大赛的好名次，如现已81岁高龄的北京队崔麟指导，在他年轻时曾以13.50秒左右的成绩排名世界第一；特别是在2004年雅典奥运会上，刘翔以12.91秒的平世界纪录成绩勇夺奥运会金牌，创造了中国跨栏的辉煌历史和最高成就，并且刘翔在2006年的瑞士洛桑田径超级大奖赛上以12.88秒的成绩打破世界纪录。刘翔成绩的突破极大鼓舞和带动了中国跨栏项目的进一步发展，受“世界栏王”刘翔的影响，很多青少年运动员积极投身于跨栏项目之中，或以刘翔为榜样开始积极从事田径运动。

为了更好地总结我国跨栏项目几十年发展和进步的成功经验，培养更多的优秀跨栏人才，中国田径协会牵头，组织编写了《青少年跨栏项目训练指导手册》。直道栏部分由吴峰指导等为主要撰写人，其团队数年前开始收集资料和数据，后经过多次的修改和完善，几经易稿后终于完成定稿。本书与以往的跨栏教材有较大的不同，本书主要突显以下几个特点和价值。

一、制定了跨栏项目青少年全面发展的能力要求和评价体系

青少年从事跨栏项目训练，主要有两个明确目标。一是丰富业余兴趣爱好，以健身强体。二是获得优异的比赛成绩，成为专业跨栏运动员。有一定跨栏天赋

和基础的青少年运动员，通过接受系统扎实的跨栏基本技术和方法训练，掌握精湛的跨栏技术，逐渐成长为跨栏项目的专业运动员，专门从事跨栏项目运动。无论是业余跨栏活动爱好，还是专业跨栏运动训练，都需要一个执行标准，来指导和监管整个训练过程。

如何掌握良好的跨栏技术，则需要运动员具备全面的身体能力，速度、力量、弹跳、灵敏、柔韧等身体素质缺一不可。特别是在基础训练阶段的青少年运动员，无论具备什么样的专项水平，全面的身体训练是将来进一步提升的关键，这一点必须引起充分重视。

本书所制定的完整训练和评价体系，能很好地规范整个跨栏训练系统，以避免发生误练、瞎练和错练，科学地进行规范跨栏训练，能够正确掌握跨栏技术，拓展专项运动能力，提升后续的发展空间。

二、结合跨栏项目的专有特征，给出了评定跨栏技术的具体方法

纵观跨栏技术的演变历史，从最初的“跳栏”演进到“跨栏”，直至发展到现代的“跑栏”技术，运动员的过栏技术越来越娴熟，过栏速度越来越快，栏架阻碍速度的系数也越来越小。过去所讲的优秀运动员的平跑速度（100 米跑成绩）与跨栏跑（男子 110 米栏或女子 100 米栏的成绩）的成绩差在 1.60～2.00 秒，这个说法已被改变。到目前为止，高水平的男子高栏选手成绩差在 1.50～1.60 秒，而女子跨栏运动员则变得更小，在 1.00～1.20 秒，甚至个别选手在 1.00 秒之内。

现代跨栏跑的趋势是充分发挥短跑速度水平，不因栏架障碍而降低速度，这是发生变化的主要原因所在。跨栏项目想要达到不降速的目的，关键在于跑跨和跨跑这两个节点。

近代世界跨栏水平在不断地发展提高，在 2022 年，除男子高栏外，其余几个项目的世界纪录均被打破，这其中的主要原因是过栏技术发生了质的变化，而这个变化就体现在一个“快”字。上栏快和下栏快，形成了“跨跑和跑跨”的有机结合，达到了跑栏的最高境界。因此，在我们的跨栏教学训练中，需将运动员的躯干力量、胯髋力量、下肢的支撑能力、踝关节的快速离地力等充分发展好，以形成快速过栏的基本条件。此外，还要通过不断打磨过栏技术，注重每一个动作细节，并以高效益的练习使运动员逐渐掌握跑栏技术。实践中，技术训练宜细不宜粗，训练要求宜高不宜低，这样我们才能获得教学训练的高效益。

本书在评定技术优劣的方法中提出了跨跑结合和跑跨结合这两项测试方法，具有十分清晰的指导方向，这会给广大的跨栏项目教练员带来很大的帮助。

三、制定了跨栏项目身体素质评价指标，重点突出了速度能力

在短跑项目中，速度（最大速度和最大速度耐力）代表了成绩，速度是短跑项目的关键制胜因素。谁的速度快谁的成绩就好，短跑竞赛的本质是竞速，比拼的是最大速度和最大速度耐力。

跨栏是加障碍的短跑，速度是跨栏项目的灵魂。无论是男子 110 米栏还是女子 100 米栏，只有跑得快才能跨得好。在直道栏方面，运动员跑的距离与短跑百米项目基本一致（男子 110 米栏多 10 米），其速度训练的方法、手段与短跑项目也基本相似。虽跨栏运动员的绝对速度水平要低于短跑运动员，但优秀的直道栏运动员的步频水平不亚于短跑运动员，如短跑世界级选手的途中跑步频指数为 4.566 步/秒，而我国优秀跨栏运动员刘翔的步频指数为 4.65 步/秒，从这个方面看，直道栏运动员在发展速度水平时更应注重步频水平的提高。

在跨栏项目中，跑栏技术已被大部分运动员掌握，因此在速度方面的较量显得尤为重要。老一辈跨栏运动员的过栏技术非常娴熟，可以说每一次过栏都是“擦栏”而过，但由于“速度能力的短板”而限制了更好的能力发展和成绩提高。近些年来，广大教练员充分认识到速度的重要性，并采取了针对性的有效措施，使我国跨栏水平有了新的突破。除了其他因素，优秀跨栏运动员刘翔的速度水平到目前为止，是所有国内跨栏运动员中最快的，其百米比赛成绩可达 10.30 秒以内。本书在各年龄段素质训练要求方面，将提高速度放在了前位，这和我们高水平运动员的训练要求是一致的，以 16~17 岁阶段 60 米跑成绩指标为例，男子为 6.60 秒，女子为 7.30 秒，这虽是比较高的要求，但通过扎实系统的跨栏速度训练是能很快达到的。若速度训练方面获得较大突破，这将给我国跨栏项目的进一步腾飞带来巨大的推动力，也将会助推更多的中国跨栏运动员冲击世界高峰。

四、结合多学科基础理论，用科学技术指导和助力跨栏教学训练

随着社会的进步和科学技术的发展，新事物、新概念不断涌现。在科技水平高度发达的时代，仅靠单一的体育理论进行教学与训练是远远不够的。作为教育者，需要拓宽知识面，进一步学习和掌握多学科的理论知识来指导日常工作。在实践中，我们需全面了解教学对象的具体情况，确定横向与纵向的工作方向，以

达到拟定的工作目标。例如，对具有一定跨栏天赋的、有发展潜力的青少年，可以考虑在横向全面训练的基础上逐渐转入纵向专项深入的定向训练；而对于一般水平的青少年，则以横向全面训练与一定专项练习的学习为主。总之，不论是以训练提高为主，还是以一般学习为主，作为执教者须具备全面的科学理论知识来指导和服务我们的教学与训练。而我们也不仅只是教练员、老师，更是医生、心理师、程序设计师……这样我们的工作才会更富有成效，教学训练成果才会水到渠成。

做好跨栏项目的教学和训练还必须坚持“科学技术是第一生产力”，用科学技术帮助运动员提高训练效果和质量，提高运动员的竞技能力和比赛成绩。坚持用数据说话和指导跨栏项目的教学训练，如全程分段计时和分段速度、启动速度能力、加速阶段能力、最大速度阶段能力和最大速度耐力的冲刺能力、栏间三步节奏和频率、起跨距和落地距离、跨栏腾空时间和身体姿态控制、落地技术和落地踝关节支撑角度、100米平跑能力训练和提升、ATP-CP供能和无氧供能能力的提升、全面的身体协调和灵敏素质等都需要先进的科学技术作为支撑和评价的指标，用以科学地指导和助力跨栏项目的发展和进步。

本书汇集了中外运动员的训练实践及我国跨栏的几十年成功经验，通过多位著名的跨栏专项教练员和专家的讨论研究，在中国田径协会的大力支持和指导下，由吴峰执笔完成，现今顺利出版，在此表示衷心的祝贺和感谢！同时也希望此书能给广大的教练员、老师和青少年跨栏新秀们带来有益的帮助和科学的指导。

孙海平

2023年5月

400米跨栏跑·序

PREFACE

《青少年跨栏项目训练指导手册》经过多年的数据积累、资料收集、整理撰写，终于和大家见面了。本书的前身是《中国青少年田径教学训练大纲》（以下简称《训练大纲》），是由当时北京体育学院和上海体育学院的专家、教授在20世纪80年代末参考国外教学训练大纲模式，针对中国实际制定的首本关于中国青少年田径教学训练的大纲。

2006年二次修订版中，将400米栏项目从笼统的跨栏跑中进行了严格的细分，使本次《训练大纲》的修订有了实质性的变化。此次修订将400米跨栏与直道跨栏从技术特点及要求上进行了对比分析，对途中跑技术及能量供应特点进行了严格的区分，对少儿运动员弯道栏技术教学的训练手段与方法进行了详细的描述，同时强调了少儿初始教学掌握左右开弓技术对高水平发展的重要性，这些都为广大从事青少年400米跨栏训练的教练员提供了指导性的建议。

2012年的修订版中，对多年来教练员在执行过程中反映出的训练问题，特别是针对17~18岁运动员平栏差过大这一较为集中的问题，强调了该训练阶段节奏训练的重要性，增加了运用直道栏训练400米栏节奏、弯道上培养节奏的训练手段与方法，以及培养平跑节奏的手段与方法等，具有现实的指导性意义。

《青少年跨栏项目训练指导手册》在《训练大纲》的成果基础上，组织优秀运动员、大学教授和科研人员组成编写团队，使本书理论性更强，也更加科学，更具前瞻性。大量图片的使用与诠释，使本书图文并茂、通俗易懂。旨在便于读者更准确、更深刻地学习和理解教学训练大纲内容与项目特点，进一步为教练员在青少年跨栏运动员的选材、不同年龄段的训练方法与手段，以及普遍问题的解决方案方面提供更为科学且现实的指导意义。

此外，书中借鉴了我国众多400米栏优秀青少年的训练总结与归纳，如黄潇潇、程文、王欢、张世宝等运动员，其中女子运动员黄潇潇曾在2001年18岁时以55.15秒的成绩打破女子世界青年纪录，男子运动员张世宝在19岁时以50.33秒的成绩打破男子400米栏全国青年纪录。书中所列举的训练方法与手段均经过长期的实践论证，是符合我国青少年运动员的身体特点并切实可行的。本书科学论证、贴近实际、注重实践，非常值得广大青少年教练员学习、研究和运用，并具有较广泛的指导性意义。

实践出真知，作为一名长期奋战在一线的体育工作者，希望广大教练员能够根据本书内容大胆实践、及时总结、多提建议，培养出更多更优秀的青少年400米栏运动员，为我国未来的跨栏项目的再突破做出积极贡献。

张增惠

2023年5月

目 录
CONTENTS

直道跨栏跑

400 米跨栏跑

直道跨栏跑

孙海平　吴　峰　孙旻婧

直道跨栏跑三重点：攻栏高重心、下栏高支撑、栏间高频率。

一、直道跨栏跑技术

直道跨栏跑技术包括起跑至第一栏技术、跨栏步技术、栏间跑技术和全程跑技术四个环节。

（一）起跑至第一栏技术

直道跨栏跑的起跑与短跑不同，起跑后要利用积极的后蹬和有力的摆臂使速度逐渐加快，上体抬起的时间要比短跑早。由于有栏架的设置，起跑到第一栏的步数是固定的，一般为 7~8 步，经过多年的训练，运动员起跑到第一栏的每一步的步长都相对固定，为了顺利地过第一个栏，需在起跑后第 5~6 步抬起身体重心，第 7~8 步使身体重心达到最高点，起跨前倒数第二步达到起跑后的最大步长，最后一步要积极准确地踏上起跨点，并形成一个积极而快速的短步，栏前短步是为了保持起跨时较高的身体重心位置，提高重心前移的速度，为跨越第一个栏架做好心理及技术上的准备。

（二）跨栏步技术

跨栏步技术是指跨栏运动员从起跨攻栏到下栏着地所表现出的技术动作，为了便于分析，我们将其分为起跨攻栏、腾空过栏和下栏着地三个阶段进行分析。

跨栏步的整个结构如图 1-1 所示。

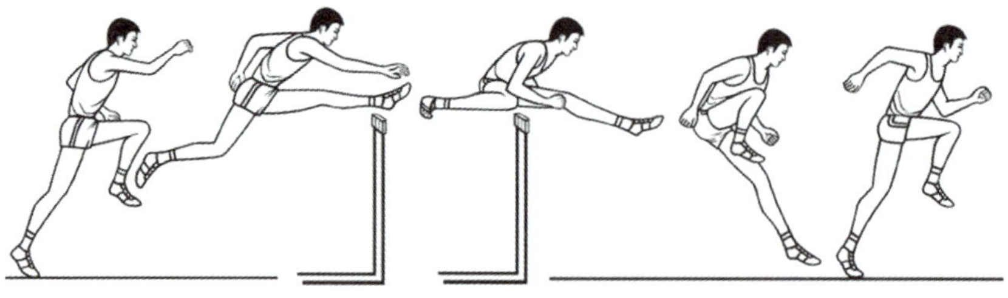

图 1-1　跨栏步技术

1. 起跨攻栏技术

要顺利快速地跨越栏架，运动员在高速跑中要准确地踏上起跨点。这一刻，身体重心所处的位置是十分重要的，对减少上栏的前蹬阻力、更快转入后蹬阶段、改善前移速度与垂直速度的比值，从而保持更快的上栏速度具有决定性的影响。起跨时栏前的短步就是准备上栏的关键，其目的是更快地提起摆动腿，当起跨腿踏上起跨点时，摆动腿过栏的准备即已开始。即摆动腿的大腿由后摆快速过渡到高抬，大小腿夹紧，膝部抬起的高度要比栏板高，起跨时起跨腿要形成一个高支撑，由脚弓发力来完成这个高支撑，然后准备在最后离地瞬间蹬地，以加大对地面的作用力。此时的腰部动作要做到直立，而且要与起跨腿保持成一条直线。做到起跨腿及腰部在上栏时，固定好身体的同侧，以保证摆动腿的快速摆动。此时起跨腿同侧臂侧向前摆动，肘关节要高举，前臂向上，其目的是帮助腰部固定，为起跨腿的提拉留下空间，如图 1-2 所示。

图 1-2　起跨攻栏时的身体姿态

2. 腾空过栏技术

运动员起跨腿蹬离地面即进入了腾空过栏阶段，此时摆动腿积极前摆，异侧臂的摆动、起跨腿的蹬地几乎是同时进行的。但在用力的顺序上确实有先后，即摆动腿摆动—起跨腿的支撑—起跨腿同侧臂的摆动—起跨腿的外展过栏，这种用力时间的顺序不能用明确的数字来说明，只是训练中的真实体会。摆动时要求大腿的股直肌拉长，大小腿夹紧状态时可加快小腿的摆动速度，小腿快速摆动，脚尖微微勾起，向栏板方向摆动。俗语说，用脚去踢栏板，上体在摆动腿向前摆动的同时自然前倾，而且要求腹部与摆动腿的大腿贴得越紧越好（图 1-3、图 1-4），这样可以保证身体重心快速前移。此时起跨腿的脚尖进行最后用力，起到“四两拨千斤”的作用。大腿在髋部发力侧抬时（外展）有一个准备动作，即膝关节稍外翻，脚尖外翻，同时抬髋，大小腿夹紧，当大腿抬到与栏板平行时全速提拉越过栏板。

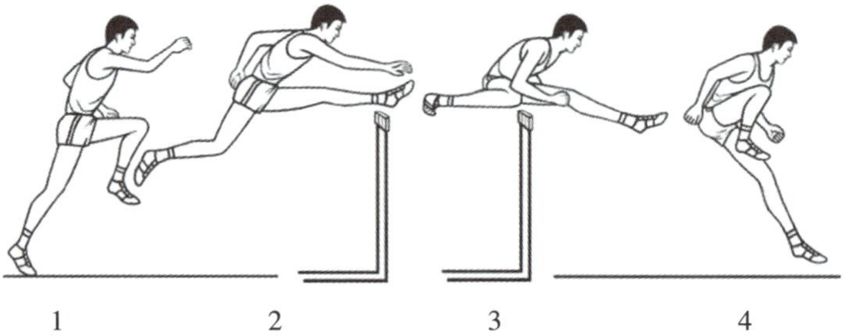

图 1-3　腾空过栏技术

图 1-4　刘翔腾空过栏技术

3. 下栏着地技术

下栏着地技术是指运动员摆动腿的脚着地的技术，它的主要任务是使身体平稳、快速地转入栏间跑，尽可能地减少水平速度的损失。运动员摆动腿在脚部越过栏架时就开始积极下压，起跨腿快速提拉，在脚着地瞬间膝关节保持伸直。同时起跨腿大小腿折叠外展，脚背屈并外翻，膝关节领先经腋下向前上方快速提拉。摆动腿着地后起跨腿提拉至身体侧前方。两腿的动作要协调配合。需要特别注意的是，摆动腿的下压动作和起跨腿的提拉动作应同时开始，这样会使两腿的“剪绞”动作进行得充分有力。下栏着地瞬间，应是摆动腿脚前掌积极下压扒地，为减少着地时的冲击力，运动员应积极通过踝关节进行缓冲。在摆动腿脚部着地时，应保持较大的着地角度，这样可以把运动员的速度损耗降到最低，速度损耗率是评价跨栏运动员过栏技术优劣的重要指标之一。跨栏步下栏着地技术如图 1-5所示。

图 1–5　下栏着地技术

（三）栏间跑技术

栏间跑是指从运动员摆动腿下栏着地到下一栏起跨腿踏上起跨点之间这段距离所表现出的技术动作特征。其主要任务是尽可能用合理的步长比例提高跑速，为下一栏过栏创造必要的前提条件。在栏高、栏间距固定的前提下，栏间跑形成了与短跑不同的特殊步数、步频、步长的技术特点。

栏间跑第一步由于受到下栏支撑腿的限制相对较小，一般 110 米栏成年运动员的第一步为 1.60 米左右（100 米栏及青少年步长数据参考此比例）。为了有效提高第一步的步长，使栏间跑节奏更加合理，应充分发挥摆动腿下栏支撑后踝关节的后蹬力量，依靠起跨腿的积极前摆获得所需要的步长，保证栏间跑节奏和跑速的发挥。现代跑栏技术第一步有增大的趋势。栏间跑的第二步是栏间跑三步中最长的一步，一般为 2.10 米左右。动作技术上与运动员正常跑动基本相近，但对于身高较高或力量较好的运动员，这一步仍然短于他们常态的平跑步长，这对于加快步频也有着积极的意义。栏间跑的第三步是一个相对短步，步长为 1.95 米左右，这与运动员的起跨攻栏有着密切的联系，运动员此时要为起跨攻栏做准备，动作特点为摆动腿下压积极，着地点靠近重心投影点，重心处于较高的位置，起伏不明显，速度达到最高点。

（四）全程跑技术

全程跑的任务是将跨栏跑的各个技术环节有效地串联起来，将跨栏步技术与快速的栏间跑技术紧密地结合起来，使运动员的速度和技术得以充分地发挥出来。直道栏的全程跑实际上是一个整体，但在这个整体中各个阶段有所差异，全程跑中首先要过好第一个栏，这是全程节奏的保证。全程跑的前三栏属于加速阶段，这一阶段运动员应在保证跨栏步技术的基础上尽可能积极加速。在第四至第六栏时，运动员大都达到个人的最大速度。运动员在达到最大速度后，要尽可能保持自己的节奏和速度。在第八至第九栏时运动员的体能呈下降趋势，此时要尽量控制动作技术不变形，避免最后撞栏失误。下最后一栏后，要尽快转入冲刺跑，快速摆臂，抬、压腿积极，身体前倾，尽最大能力冲向终点。

二、直道跨栏跑技术的评价

根据跨栏项目的特点，对青少年跨栏运动员的专项技术、专项成绩、身体素质三个方面进行评定与考核。将三个方面的成绩按比例计算，以所得总分确定训练成效的排序。

（一）直道跨栏跑运动员专项技术评价

跨栏技术评价标准如表 1-1 所示。

表 1-1　跨栏技术评价标准

等级	优秀	良好	及格
评价内容	专项成绩好	专项成绩较好	专项成绩中等
	栏间节奏好、栏上重心平稳、直线性好、动作放松协调	栏间节奏较好、栏上重心基本平稳、直线性较好、动作较协调	栏间节奏良好、栏上重心基本平稳、直线性一般好、动作欠协调
	跨栏步和栏间跑结合顺畅，全程跑体现出直线性好、平衡性和节奏好	跨栏步和栏间跑结合基本顺畅，全程跑体现出较好的直线性、平衡性和节奏	跨栏步和栏间跑结合不是很顺畅，全程跑直线性不是很好、平衡性和节奏不强
	技术稳定，动作放松、自然、协调	动作技术较为稳定、放松、自然，但局部较紧	动作紧张、僵硬，技术不稳定，动作毛糙
	技术保持能力好、无变形	技术保持较好，基本无变形	技术常有变形现象

注：技术训练时由教练员进行技术评定，在比赛和测验时，聘请专家进行技术评定。

（二）直道跨栏跑运动员专项成绩评价

各年龄直道跨栏跑运动员经过一个阶段的训练后，可以进行专项成绩的测定，可评价运动员的专项技术训练水平，评价指标如表 1-2 所示。

表 1-2　各年龄阶段专项成绩指标

年龄		12~13 岁		14~15 岁		16~17 岁	
性别		男	女	男	女	男	女
100 米（秒）	优	13.50	13.90	—	—	—	—
	良	13.80	14.80	—	—	—	—
	及格	14.50	15.20	—	—	—	—
男子 110 米栏（秒）：高 0.914 米，栏距 8.70 米；女子 100 米栏（秒）：高 0.84 米，栏距 8 米	优	—	—	15.00	15.00	—	—
	良	—	—	15.80	15.80	—	—
	及格	—	—	17.00	16.50	—	—
男子 110 米栏（秒）：高 1.06 米，栏距 9.14 米；女子 100 米栏（秒）：高 0.84 米，栏距 8.50 米	优	—	—	—	—	14.73	14.33
	良	—	—	—	—	15.00	15.00
	及格	—	—	—	—	16.00	16.00

注：由于 12~13 岁不进行专项测试，故选用 100 米进行测试。

（三）直道跨栏跑运动员身体素质评价

身体素质训练必须通过测试来检验训练效果，通常情况下，在训练的各阶段都要安排测试与考核，以便监督训练和检验训练效果，根据训练效果分析前期训练，以调整、修订后续训练。测试站立式 60 米、站立式 100 米、立定跳远（12~13 岁）、立定三级跳远（14~15 岁）、助跑十级跳运（16~17 岁）、后抛实心球（12~13 岁 2 公斤；14~15 岁 4 公斤）进行考核（表 1-3）。在全年的训练中至少要进行数次的测试或考核，可根据实际情况自行安排。

表 1-3　身体素质测试内容和成绩指标

年龄		12~13 岁		14~15 岁		16~17 岁	
性别		男	女	男	女	男	女
站立式 60 米（秒）	优	7.50	8.10	7.20	7.60	6.60	7.30
	良	8.10	8.40	7.40	8.00	7.00	7.60
	及格	8.60	9.20	8.20	8.60	7.50	8.20

续表

年龄		12~13 岁		14~15 岁		16~17 岁	
性别		男	女	男	女	男	女
站立式 100 米（秒）	优	13.50	13.90	12.10	13.10	11.50	12.80
	良	13.80	14.80	12.80	13.80	12.00	13.50
	及格	14.50	15.20	13.50	14.20	12.50	13.80
立定跳远（米） 立定三级跳远（米） 助跑十级跳远（米）	优	2.20	2.00	7.50	6.80	33.50	27.00
	良	2.00	1.90	7.20	6.50	31.00	25.00
	及格	1.90	1.80	6.50	6.10	27.00	23.00
后抛 2 公斤实心球（米） 后抛 4 公斤实心球（米）	优	12.50	11.50	14.50	12.50	16.50	14.50
	良	11.00	9.50	13.00	11.50	14.50	13.50
	及格	8.00	7.50	10.00	9.50	12.00	11.50

注：站立式 60 米及站立式 100 米成绩均为手计时。

对于高水平运动员来说，建议通过科研人员的配合，以及具体数据的支持，用科技手段检测技术好坏，综合评定跨栏跑技术。以下是一些可供参考的计算方法。

（1）速度利用率。

跨栏跑速度利用率=跨栏周期平均速度÷平跑速度，此指标越接近 1，说明速度利用率越好。

（2）全程跑技术状况。

全程跑技术状况=110 米/100 米跨栏跑成绩-110 米/100 米平跑成绩，此指标越接近 0，说明技术状况越好。

（3）跨跑结合能力。

跨跑结合能力=栏间跑第一步速度÷跨栏步速度，栏间跑第一步速度越快说明跨跑结合能力越好。

（4）跑跨结合能力。

跑跨结合能力=跨栏步速度÷栏间跑第三步速度，跨栏步速度越快说明跑跨结合能力越好。

（5）专项耐力水平。

专项耐力水平系数=第八栏下栏时间÷第三栏下栏时间，较好的专项耐力水平系数为 1.12~1.08。

三、直道跨栏跑运动员各阶段的训练任务与要求

（一）12~13 岁阶段

1. 训练任务

（1）全面发展身体素质，重点发展速度、快速力量和灵活协调素质。

（2）学习掌握跨低栏、短栏间距技术，注意强调和培养栏间节奏。

（3）重点发展步频和动作速度。

（4）建立正确的、完整的技术概念。

（5）培养跨栏训练兴趣。

2. 训练要求

（1）重视动作频率、反应速度和栏间节奏感的培养。

（2）腰髋力量训练发展力求适用、实效、多样。

（3）专项训练注重基本技术，通过多项训练提高跨栏运动员的必备素质。

（4）遵循青少年生长规律，逐渐增加负荷。

（二）14~15 岁阶段

1. 训练任务

（1）学习跨栏跑技术理论，正确掌握基本技术。

（2）掌握蹲踞式起跑后 7~8 步加速跑过第一栏技术，重点在于稳定步长和节奏。

（3）逐步学习掌握标准栏技术，明确起跨腿和摆动腿，加快跨栏步节奏，初步形成跑栏技术，强调高支撑过栏和栏前后步长的合理比例。

（4）跨栏步和栏间跑结合基本顺畅，全程跑体现出直线性、平衡性和较明显的节奏感。

2. 训练要求

（1）重点发展速度素质，发展腰髋力量素质、关节力量素质。

（2）要从小肌肉、小关节的力量训练抓起。

（3）上下肢协调发展，注意全面综合能力的训练。

（4）掌握跨栏技术规范动作，培养运动员较好的栏间节奏感。

（三）16~17 岁阶段

1. 训练任务

（1）掌握一定的技术理论，以及世界优秀水平运动员的技术，加深对技术的理解。

（2）熟练掌握全程跑技术，形成强烈的快速跑栏节奏。

（3）发挥个人技术特点，形成独特的技术风格。

（4）在跑跨结合技术上有较高水平。

2. 训练要求

（1）重点发展速度、核心力量（腰髋力量）和关节力量专项技术的训练。

（2）完整技术训练时着重培养栏间节奏。

（3）在训练中重点培养个人技术特点，在全程技术节奏的训练中逐步形成个人的技术风格。

（4）参加比赛积累经验，培养心理调节能力、可控能力。

四、直道跨栏跑运动员基础训练

（一）柔韧训练

1. 静态拉伸训练

（1）正压腿。

练习要求： 将腿放在栏架或肋木上，腿伸直，手抓住脚或栏架或肋木，上体前压（图 1-6）。方向要正，膝关节要伸直，用力要均匀。

练习作用： 发展大腿后肌群的柔韧性。

图 1-6 正压腿

（2）侧压腿。

练习要求： 将腿放在栏架或肋木上，腿伸直，上体侧向压腿方向侧压（图 1-7）。膝关节要伸直，用力要均匀。

练习作用： 发展腿部、髋关节、腰部的柔韧性。

图 1-7 侧压腿

（3）背压腿。

练习要求： 背向栏架或肋木站立，将脚搭在栏架或肋木上，上体保持正直，支撑腿屈膝下压（图 1-8）。膝关节方向要正，下压到位。

练习作用： 发展大腿前肌群的柔韧性。

图 1-8　背压腿

（4）纵劈叉。

练习要求： 在草地上做前后纵向劈叉（图 1-9）。上体正直，膝关节伸直。

练习作用： 发展大腿前后肌群、髋关节的柔韧性。

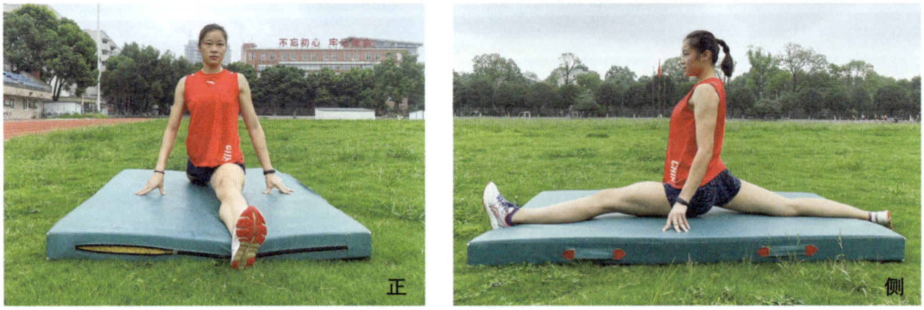

图 1-9　纵劈叉

（5）横劈叉。

练习要求： 在草地上做横向劈叉，上体正直，膝关节伸直。

练习作用： 发展大腿内侧肌群、髋关节的柔韧性。

（6）并腿体前屈。

练习要求： 原地并腿站立，两腿伸直，两手抓住踝关节或以掌触地做体前屈（图 1-10）。上体尽量下压，膝关节不能弯曲。

练习作用：发展腰部和大腿后群肌的柔韧性。

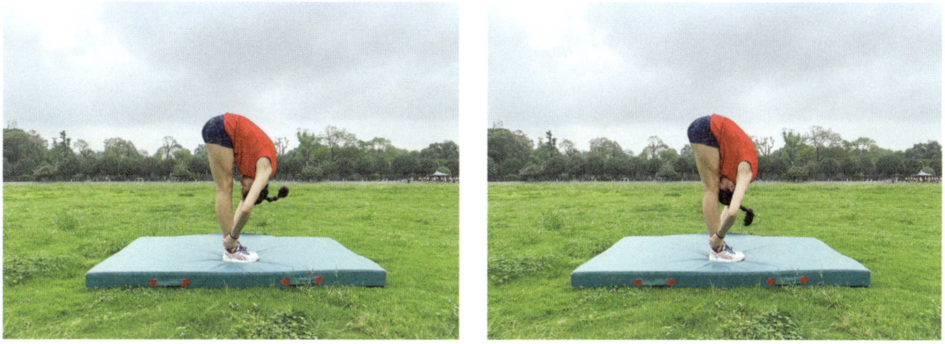

图 1-10　并腿体前屈

（7）分腿体前屈。

练习要求：原地分腿站立，两腿伸直，两手抓住踝关节做体前屈(图 1-11)。两腿可根据要求逐渐分开，正压和侧压交换进行。

练习作用：发展腰部和大腿后肌群的柔韧性。

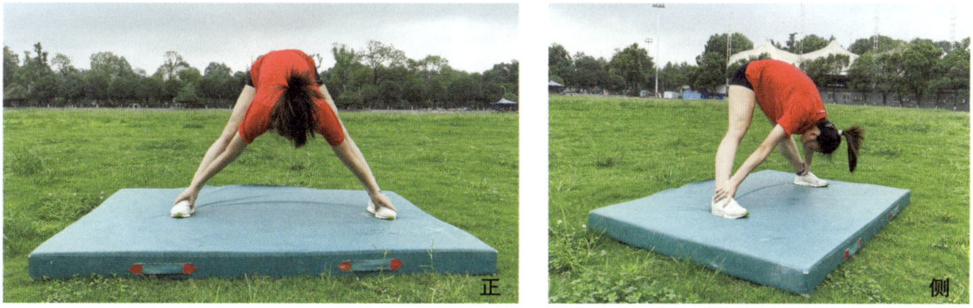

图 1-11　分腿体前屈

（8）原地侧压腿。

练习要求：两腿分开，一腿伸直，一腿弯曲，侧向压腿（图 1-12）。分腿适度，尽量下压，左右腿交换进行。

练习作用：发展大腿内侧、后肌群和髋关节的柔韧性。

图 1-12　原地侧压腿

（9）原地单压腿。

练习要求： 两脚前后站立，重心放在后腿上，前腿伸直向上勾脚尖，两手抓住前脚脚尖做体前屈下压（图 1-13）。尽量下压，左右腿交换进行。

练习作用： 发展大腿后肌群和腰部的柔韧性。

图 1-13　原地单压腿

（10）坐地并腿体前屈。

练习要求： 并腿坐在练习垫或草地上，膝关节伸直，身体前屈下压，压到最低处时停 3~5 秒（图 1-14）。此练习也可双人配合进行。

练习作用： 发展大腿后肌群和腰部的柔韧性。

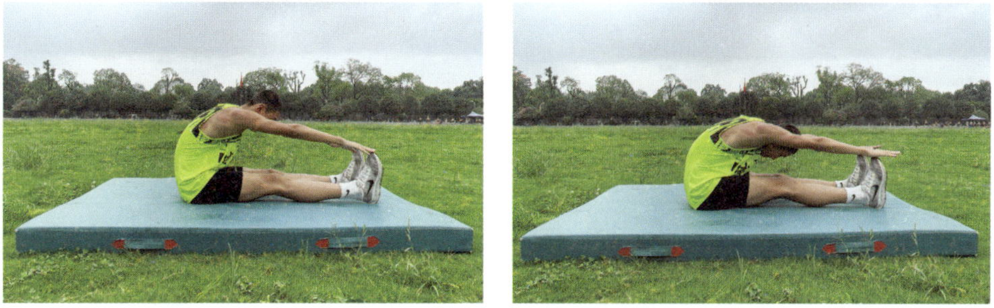

图 1-14　坐地并腿体前屈

（11）坐地分腿体前屈。

练习要求： 分腿坐在练习垫或草地上，两腿伸直，双手抓住双脚，上体向前、向侧压（图 1-15）。膝关节伸直，尽量下压，左、右、正前交换进行，压到最低时保持 3~5 秒。此练习也可双人配合进行。

练习作用： 发展大腿内侧、后肌群、髋关节和腰部的柔韧性。

图 1-15　坐地分腿体前屈

（12）跨栏坐。

练习要求： 在练习垫或草地上成跨栏坐，手握哑铃，前腿伸直，屈腿的大腿与前腿成 90°（图 1-16）。挺胸抬头，上体向前压，手尽可能碰到前脚，左右腿交换进行。

练习作用： 发展大腿后肌群、髋关节和腰部的柔韧性。

图 1-16　跨栏坐

（13）盘腿坐。

练习要求： 坐在练习垫或草地上，两脚掌相向屈腿，两手压在膝关节上，向前压上体的同时向下压膝关节（图 1-17）。两脚尽量向内收，用双手向下压膝关节或由队友协助下压。

练习作用： 发展大腿内侧肌群和髋关节的柔韧性。

图 1-17　盘腿坐

（14）侧盘腿。

练习要求： 坐在练习垫或草地上，一条腿伸直，另一条腿的脚放在伸直腿的外侧，双手抱腿向身体用力，同时上体向反方向用力（图 1-18）。尽量向侧面压腿，双手协助向外侧掰腿，两腿交换进行练习。

练习作用： 发展大腿外侧肌群的柔韧性。

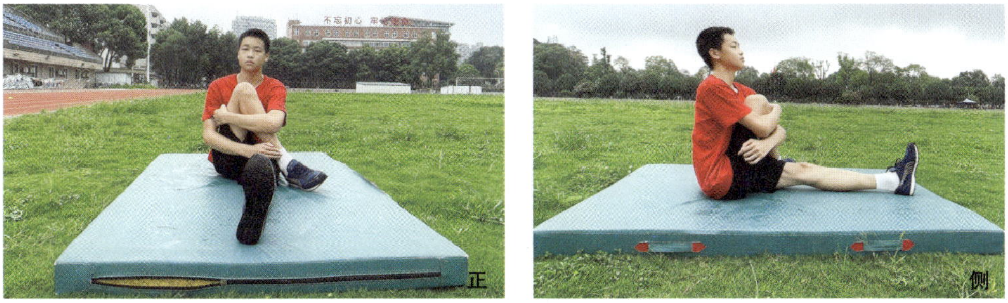

图 1-18　侧盘腿

（15）背桥。

练习要求：仰卧在练习垫或草地上，屈腿的同时两脚自然支撑，两手撑在肩侧，上下肢同时用力，使身体向上做一个反弓形（图 1-19）。此练习也可由同伴协助完成，由自己或队友协助逐渐抬高腰部，腿和上肢尽量伸直。

练习作用：发展腰部、大腿前肌群和肩带的柔韧性。

图 1-19　背桥

（16）弓箭步压腿。

练习要求：两腿前后站立，前腿小腿呈垂直位，后腿尽量伸直，上体保持正直（图 1-20）。髋关节用力下压，上体正直，尽量下压髋部。

练习作用：发展髋部和大腿前肌群的柔韧性。

图 1-20　弓箭步压腿

（17）背撑。

练习要求： 双腿并拢，跪撑在练习垫或草地上，上体向后仰（图 1-21）。不能分膝，上体后仰要慢。

练习作用： 发展踝关节、大腿前肌群和腰部的柔韧性。

图 1-21　背撑

2. 动态摆拉训练

（1）正摆腿。

练习要求： 身体侧向站立在栏架或肋木旁，一手扶住栏架或肋木，外侧腿伸直前后摆动（图 1-22）。身体正直，摆腿幅度要大，方向要正。

练习作用： 发展大腿后肌群的柔韧性。

图 1-22　正摆腿

（2）侧摆腿。

练习要求： 面向栏架或肋木站立，双手扶住栏架或肋木，左右腿依次侧摆练习（图 1-23）。身体正直，向外侧摆腿幅度要大，方向要正。

练习作用： 发展大腿内侧肌群和髋关节的柔韧性。

图 1-23　侧摆腿

（3）后摆腿。

练习要求： 面向栏架或肋木站立，双手扶住栏架或肋木，左右腿依次向后上方用力摆动（图 1-24）。腰部放松，后摆腿时不要低头。

练习作用： 发展运动员腰部、大腿前肌群和髋关节的柔韧性。

图 1-24　后摆腿

（4）手扶肋木直腿绕环。

练习要求： 侧向栏架或肋木站立，一手扶住栏架或肋木，两腿依次做直腿前后绕环（图 1-25）。绕环时腿尽量伸直，幅度要大，绕动速度要快。

练习作用： 发展运动员腿部、髋部的柔韧性和灵活性。

图 1-25　手扶肋木直腿绕环

（5）手扶肋木屈腿绕环。

练习要求： 面向栏架或肋木站立，双手扶住栏架或肋木，两腿依次做屈腿前绕环（图 1-26）。大小腿折叠紧，摆动幅度大，速度要快。

练习作用： 发展运动员腿部、髋部的柔韧性和灵活性。

图 1-26　手扶肋木屈腿绕环

（二）速度训练

1. 速率训练

（1）计时快速抬单腿。

练习要求： 上体正直，支撑腿充分蹬直，摆动腿大腿高抬，小腿放松（图 1-27）。

练习负荷： 10~15 秒×4~6 组。

图 1-27　计时快速抬单腿

（2）计时快速交换抬腿。

练习要求： 上体正直，摆动腿大腿高抬，小腿放松（图 1–28）。

练习负荷： 10～15 秒×4～6 组。

图 1–28　计时快速交换抬腿

（3）计时快速摆腿。

练习要求： 上体正直，摆动腿大腿高抬，下压时小腿做鞭打动作(图 1–29)。两腿交换进行。

练习负荷： 10～15 秒×4～6 组。

图 1–29　计时快速摆腿

(4) 扶墙或肋木支撑快频率计时跑。

练习要求： 身体要充分伸展，不能低头，髋、膝、踝关节充分蹬伸，摆动腿高抬（图 1-30）。以最快速度完成动作，或要求在 10 秒内以最快速度完成。

练习负荷： 10 秒×4~6 组或 30~50 次×4~6 组。

练习作用： 发展青少年运动员的动作速度，提高髂腰肌、大腿前肌群、小腿后群肌，以及踝关节的快速力量。

图 1-30　扶墙或肋木支撑快频率计时跑

(5) 原地高抬腿跑计时跑。

练习要求： 身体站直，支撑腿髋、膝、踝关节充分蹬直，上体保持正直，两臂自然摆动，收腹立腰，摆动腿要抬到位（图 1-31）。动作既要尽量快，又要放松不紧张。

练习负荷： 10 秒×3~4 组或 30~50 次×3~4 组。

练习作用： 发展青少年运动员的跑动频率，提高髂腰肌、大腿前肌群和小腿后肌群等的快速力量。

图 1-31　原地高抬腿跑计时跑

（6）放置标志物的小步高频跑。

练习要求： 在跑道上放置 10～15 个海绵块或标志物，间隔 40～100 厘米，运动员用最快的速度高抬腿跑过标志物，频率要尽可能快。

练习负荷： 5～6 组。

练习作用： 提高运动员的跑动频率和节奏控制力。

（7）计时俯卧收腿。

练习要求： 俯卧，两臂支撑，两腿交换前收（图 1-32）。收腿时要尽可能前收，后腿伸直，动作要快。

练习负荷： 10 秒×4～6 组或 40～50 次×4～6 组。

练习作用： 提高运动员的动作速度。

图 1-32　计时俯卧收腿

（8）小台阶快速跑上或跑下。

练习要求： 选择 10～20 级高 20～25 厘米的台阶，让运动员以最快速度跑上或跑下，注重跑的频率，动作放松（图 1-33）。

练习负荷： 8～10 组。

练习作用： 提高运动员的跑动频率，可有效提高踝关节、膝关节的快速力量。

图 1-33　小台阶快速跑上

（9）仰卧直摆腿。

练习要求： 仰卧在练习垫或长条凳上，两腿做上下直腿交替快速摆动（图 1-34）。膝关节伸直，摆动到位，动作要快。

练习负荷： 10～15 秒×3～5 组。

练习作用： 发展腿部的动作速度。

图 1-34　仰卧直摆腿

(10) 跪撑或俯卧后摆腿。

练习要求：跪撑或俯卧在练习垫或长条凳上，两腿做上下直腿交替摆动(图 1-35)。膝关节伸直，摆动要快，幅度要大。

练习负荷：10~15 秒×3~5 组。

练习作用：发展腿部的动作速度。

图 1-35 跪撑或俯卧后摆腿

2. 反应速度训练

练习目的是提高运动员的反应速度和动作速度。

(1) 翻手拍打。

练习要求：2 人一组进行练习，可单手也可双手做，打上者继续打，防守者尽可能躲避，成功躲避后两人交换角色。

练习负荷：2 分钟×3~5 组。

(2) 听数字跑。

练习要求：反应要快，判断要准，奇数朝前跑，偶数向后跑，练习时注意安全。

练习负荷：8~10 次。

(3) 听数字抓人。

练习要求：奇数抓偶数或偶数抓奇数，教练员不停变换数字发出指令。

练习负荷：8~10 次。

（4）听信号跑。

练习要求：4~5 人一组，听信号同时跑。教练员要不断地变换信号的强弱和间隔时间的长短。

练习负荷：15~30 米×4~6 组。

（5）听信号转身跑。

练习要求：4~5 人一组，闭眼直立，听到信号后转身加速跑。

练习负荷：10~15 米×4~6 组。

（6）听枪起跑。

练习要求：5~8 人一组，教练员可根据需要有意延长或缩短发令时间。

练习负荷：30~50 米×3~5 组。

3. 位移速度训练

（1）计时跑。

练习要求：强度 90%~100%，练习间歇 6~10 分钟，跑的动作要放松，富有弹性。

练习负荷：30~80 米×4~6 组。

练习作用：提高运动员的加速跑能力和速度能力。

（2）行进间跑。

练习要求：强度 90%~100%，间歇 3~5 分钟，跑的动作要放松。

练习负荷：30~80 米×3~5 组。

练习作用：发展运动员的速度能力。

（3）听信号起跑。

练习要求：反应快，加速快。

练习负荷：30~100 米×4~6 组。

练习作用：提高运动员的反应速度和动作速度。

（4）队内测试比赛。

练习要求：5~6 人一组进行 60~100 米跑的队内测试比赛。

练习负荷： 60~100 米×1~2 组。

练习作用： 提高速度训练的强度，积累比赛经验。

（5）行进间下坡跑。

练习要求： 在长 50~60 米，坡度 8°~10°的斜坡跑道上向下跑行进。尽可能使步频达到极限，注意上下肢的配合与协调，动作要放松。坡度不可过大，注意安全。

练习负荷： 4~6 组。

练习作用： 提高运动员的跑动速度和步频。

（6）听信号的追逐游戏。

练习要求： 将运动员分成 A、B 两组，发出奇数口令时 A 组追逐 B 组；发出偶数口令时，B 组追逐 A 组。要求运动员反应快、起动快。

练习负荷： 20~30 米×3~4 组。

练习作用： 提高运动员的反应速度和跑动速度。

（7）短距离的接力跑。

练习要求： 在 100~200 米的跑道上做 30~40 米的短距离接力跑。

练习负荷： 4~5 组。

练习作用： 提高运动员的速度水平。

（三）力量训练

1. 跳跃训练

（1）深蹲跳。

练习要求： 原地深蹲时大、小腿的夹角小于 90°，随后快速向上跳起（图 1-36）。向上跳起的速度要快，膝关节方向要正确，跳起后身体充分伸展。

练习负荷： 10~15 次×3~5 组。

练习作用： 主要发展臀大肌、臀中肌、臀小肌，以及大腿前肌等肌群的快速力量。

图 1-36　深蹲跳

（2）原地直腿跳。

练习要求： 踝关节快速用力，身体保持正直，膝关节尽量伸直，踝关节蹬伸快而充分（图 1-37）。此练习最好在沙坑中进行。

练习负荷： 50~60 次×3~5 组。

练习作用： 主要发展小腿后肌群和跖底肌群的快速力量。

图 1-37　原地直腿跳

（3）原地单腿交换跳。

练习要求： 在沙坑或海绵垫上进行练习，两腿交换跳，膝关节尽量伸直，踝关节蹬伸快而充分（图 1-38）。

练习负荷：20~40 次×2×3~5 组。

练习作用：主要发展小腿后肌群和跖底肌群的快速力量。

图 1-38　原地单腿交换跳

（4）连续跳过标志物。

练习要求：在跑道上每间隔 1~1.5 米的距离摆放 10~15 个标志物，标志物的距离可根据情况加大或缩小，运动员双脚跳过标志物，尽可能高跳、高收腿。

练习负荷：10~15 跳×4~6 组。

练习作用：发展运动员踝关节、膝关节的快速力量，以及腰腹肌的力量。

（5）原地收腹跳。

练习要求：原地做双腿的向上收腹跳，上体正直，尽可能向上抬膝，向上弹起的速度要快（图 1-39）。

练习负荷：15~20 次×3~5 组。

练习作用：发展运动员踝关节、膝关节的快速力量，以及腰腹肌的力量。

图 1-39　原地收腹跳

（6）立卧撑跳。

练习要求： 连续原地俯卧快速收腿接上跳，展体和收腿要到位，动作尽可能快（图 1-40）。

练习负荷： 10~15 次×3~5 组。

练习作用： 提高运动员的动作速度，发展运动员踝关节、膝关节的快速力量，以及腰腹肌的力量。

图 1-40　立卧撑跳

（7）蛙跳。

练习要求： 在塑胶地面或沙坑中进行高位蛙跳和低位蛙跳，高位蛙跳大、小腿夹角大于 90°（图 1-41），低位蛙跳大、小腿夹角小于 90°。蹬伸时身体充分伸展，蹬伸要快，跳起时膝关节尽量高抬。

练习负荷：5~10 级×3~5 组。

练习作用：提高腰腹肌群、臀部肌群和大腿肌群的速度力量。

图 1-41　高位蛙跳

（8）跨步跳。

练习要求：在跑道或平地上进行跨步跳练习，全脚掌着地，蹬伸充分，摆动腿积极向前摆送（图 1-42）。

练习负荷：30~60 米×3~5 组。

练习作用：提高腰腹部和下肢肌群的速度力量。

图 1-42　跨步跳

（9）后蹬跑。

练习要求：在跑道或平整的地面上做快速的后蹬跑，节奏要快，髋、膝、踝关节充分伸展（图 1-43）。

练习负荷： 30~50 米×3~5 组。

练习作用： 提高运动员的动作速度和跑动频率。

图 1-43　后蹬跑

（10）单足跳。

练习要求： 在塑胶地面或跑道上进行练习，蹬伸充分，动作舒展，速度要快（图 1-44）。

练习负荷： 30~60 米×3~5 组×2。

练习作用： 提高腰腹部和下肢肌群的速度力量。

图 1-44　单足跳

（11）行进间直腿跳。

练习要求： 在跑道或沙坑中进行双腿直腿跳练习，膝关节伸直，踝关节蹬伸充分（图1-45）。

练习负荷： 30～60米×3～5组。

练习作用： 提高腰腹肌群、小腿肌群和跖底肌群的速度力量。

图1-45 行进间直腿跳

（12）一步一跳。

练习要求： 在跑道上进行连续一步一跳的练习，跳起时身体要充分伸展、放松，跳起速度要快（图1-46）。

练习负荷： 50～60米×3～5组。

练习作用： 提高腿部的速度力量和运动员的动作速度。

图1-46 一步一跳

（13）连续跳栏架。

练习要求： 连续跳跃，落地起跳快，上体正直，尽量向上收腿（图 1–47）。

练习负荷： 10 栏×8～10 组。

练习作用： 发展运动员腰腹肌群、臀部肌群、大腿前后肌群和小腿肌群的速度力量。

图 1–47　连续跳栏架

（14）壶铃蹲跳。

练习要求： 下蹲到位，蹬起要快，蹬伸充分（图 1–48）。

练习负荷： 男子，20～30 公斤×10～15 次×3～5 组；女子，10～15 公斤×10～15 次×3～5 组。

练习作用： 发展大腿前肌群、臀部肌群和腰部的速度力量。

图 1–48　壶铃蹲跳

（15）跳深练习。

练习要求： 从高处落下后迅速跳起越过栏架（图 1-49）。落地起跳快，注意安全。

练习负荷： 5~10 次×3~5 组。

练习作用： 发展运动员腰腹肌群、臀部肌群、大腿前后肌群和小腿肌群的速度力量。

图 1-49　跳深练习

（16）立定跳远。

练习要求： 蹬伸发力要快，两臂协同向前上方快速摆动，身体充分伸展，落地时两脚积极前伸（图 1-50）。

练习负荷： 5~8 次。

练习作用： 发展运动员腿部的爆发力量。

图 1-50　立定跳远

（17）立定三级跳远或立定十级跨跳。

练习要求： 第一跳向前快速平跳，髋关节积极前送，摆动腿膝关节向前上方顶摆，小腿快速前摆扒地；第二跳跨步跳，要注重摆动腿向前上方的摆动；第三跳尽量向上跳出（图 1-51）。

练习负荷： 5~6 次。

练习作用： 发展运动员大腿前后肌群和小腿肌群的速度力量。

图 1-51 立定三级跳远或立定十级跨跳

2. 负重力量训练

（1）负沙袋仰卧直摆腿。

练习要求： 仰卧在练习垫或长条凳上，两腿做上下直腿交替快速摆动（图 1-52）。膝关节伸直，摆动到位，动作要快。

练习负荷： 20~30 次×3~5 组。

练习作用： 发展腹部肌群、股直肌和髂腰肌的速度力量。

图 1-52 负沙袋仰卧直摆腿

（2）负沙袋跪撑或俯卧后摆腿。

练习要求： 跪撑或俯卧在练习垫或长条凳上，两腿做上下直腿交替摆动（图1-53）。膝关节伸直，摆动要快，幅度要大。

练习负荷： 20～30次×3～5组。

练习作用： 发展腰部肌群、臀部肌群和大腿后肌群的速度力量。

图1-53　负沙袋跪撑或俯卧后摆腿

（3）负弹力带仰卧高抬腿。

练习要求： 仰卧在练习垫或长条凳上，两腿负弹力带做快速蹬抬腿练习（图1-54）。膝关节屈伸到位，动作要快。

练习负荷： 20～30次×3～5组。

练习作用： 发展腹部、髂腰肌、股直肌等肌群的速度力量。

图1-54　负弹力带仰卧高抬腿

（4）负弹力带俯卧单腿交换后拉。

练习要求： 俯卧在练习垫或长条凳上，两腿负弹力带做交替后拉练习（图1-55）。动作要尽可能快，拉到位。

练习负荷： 20～30次×3～5组。

练习作用： 发展大腿后肌群的速度力量。

图 1-55　负弹力带俯卧单腿交换后拉

（5）负弹力带俯卧双腿后拉。

练习要求： 俯卧在练习垫或长条凳上，两腿负弹力带做后拉练习（图 1-56）。动作要尽可能快，拉到位。

图 1-56　负弹力带俯卧双腿后拉

练习负荷： 20~30 次×3~5 组。

练习作用： 发展大腿后肌群的速度力量。

（6）负弹力带仰卧直腿拉。

练习要求： 仰卧在练习垫或长条凳上，两腿负弹力带做上下直腿快抬练习（图 1-57）。膝关节伸直，摆动要快。

图 1-57　负弹力带仰卧直腿拉

练习负荷： 20~30 次×3~5 组。

练习作用： 发展腹部、髂腰肌、股直肌等肌群的速度力量。

（7）负弹力带直立后摆腿。

练习要求：原地站立，手扶栏架或肋木，两脚负弹力带做快速直腿后摆练习（图 1–58）。膝关节伸直，后摆到位，要快拉慢收，注重频率。

练习负荷：20~30 次×3~5 组×2。

练习作用：发展腰部、臀部和大腿后肌群的速度力量。

图 1–58　负弹力带直立后摆腿

（8）负弹力带直立前摆腿。

练习要求：原地站立，手扶栏架或肋木，两脚负弹力带做快速直腿前摆练习（图 1–59）。膝关节伸直，前摆到位，要快拉慢收，注重频率。

练习负荷：20~30 次×3~5 组×2。

练习作用：发展腹部、髂腰肌和大腿股直肌等肌群的速度力量。

图 1–59　负弹力带直立前摆腿

（9）负重高抬腿走。

练习要求： 肩负 10~20 千克沙袋高抬腿走（图 1-60），支撑腿髋、膝、踝关节充分蹬展，摆动腿尽量高抬，注重走的速度。

练习负荷： 40~60 米×3~5 组。

练习作用： 发展髋、膝、踝关节和腰腹部肌肉的速度力量。

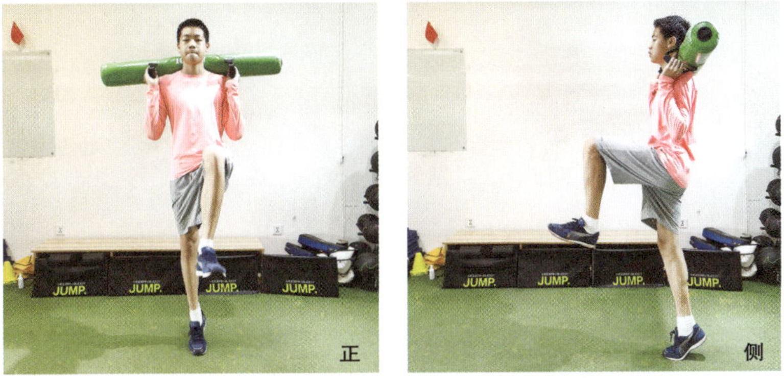

图 1-60　负重高抬腿走

（10）负重单腿提拉。

练习要求： 站在练习凳上，单手提壶铃，支撑腿充分伸直，上体与摆动腿成一条直线（图 1-61），提拉速度要快。

练习负荷： 15~20 千克×10~20 次×3~5 组×2。

练习作用： 发展腰背肌、臀大肌和大腿后肌群的速度力量。

图 1-61　负重单腿提拉

（11）负重体前屈快速拉伸。

练习要求： 站在练习凳上，双手持壶铃，两腿充分伸直，两臂保持伸直，上体快速拉伸（图 1-62）。

练习负荷： 15~20 千克×10~20 次×3~5 组。

练习作用： 发展腰背肌、臀大肌和大腿后肌群的速度力量。

图 1-62　负重体前屈快速拉伸

（12）快速提拉壶铃。

练习要求： 两腿开立两脚分别站在高台上，双手持壶铃，俯身向下，两腿伸直，壶铃从高台水平线下快速提拉至身体直立。

练习负荷： 15~20 千克×10~20 次×3~5 组×2。

练习作用： 发展腰背部肌群、臀部肌群和大腿后肌群的快速力量。

（13）负沙袋高抬腿快走。

练习要求： 脚腕部负沙袋，做平地或斜坡高抬腿快走，抬腿到位，动作要快（图 1-63）。

练习负荷： 2.5~3 千克×50~60 米×4~6 组。

练习作用： 发展腹部肌群、髂腰肌、股直肌和小腿后群肌的力量。

图 1-63　负沙袋斜坡高抬腿快走

（14）负沙袋快速顶髋。

练习要求： 运动员仰卧在练习垫上，一脚踩在倒扣的栏架或练习凳上，做快速的向上顶髋动作（图 1-64）。幅度要大，速度要快。

练习负荷： 20～30 次×4～6 组×2。

练习作用： 发展腰腹肌群、髂腰肌、大腿前后肌群和臀部肌群的速度力量。

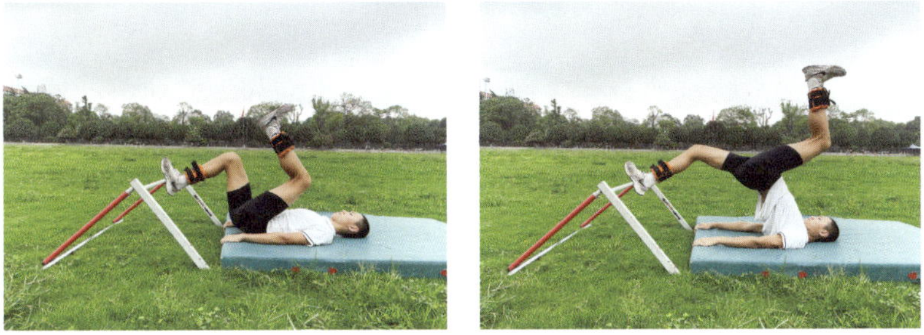

图 1-64　负沙袋快速顶髋

（15）仰卧负重悬体。

练习要求： 运动员仰卧在长条练习凳上，队友压住双脚，使躯干悬空，在胸部负重后保持直体悬空直至极限(图 1-65)。

练习负荷： 5～10 千克×3～5 组。

练习作用： 发展运动员的腹部肌群和股直肌力量。

图 1-65　仰卧负重悬体

（16）俯卧负重悬体。

练习要求： 运动员俯卧在长条练习凳上，队友压住双脚，使躯干悬空，在颈部负重后保持直体悬空直至极限（图 1-66）。

练习负荷： 10～20 千克×3～5 组。

练习作用： 发展运动员腰背部肌群、臀部肌群和大腿后肌群的力量。

图 1-66　俯卧负重悬体

3. 实心球训练

（1）前抛实心球。

练习要求： 原地站立，两腿开立，预备姿势时双手持实心球上举，抛球时快速屈体，同时双手持球向腿间后伸，随后快速蹬腿、抬上体、双臂用力向前摆动抛球（图 1–67）。腰部用力和腿部用力要协调配合，抛球时动作要快。

练习负荷： 1～5 千克×5～10 次×3～5 组。

练习作用： 提高腰部肌群、臀部肌群、腿部肌群和上肢肌群的速度力量。

图 1–67　前抛实心球

（2）后抛实心球。

练习要求： 原地站立，两腿开立，预备姿势时双手持实心球上举，抛球时快速屈体，同时双手持球向腿间后伸，随后快速蹬腿，向后摆上体，双臂用力向后摆动抛球（图 1–68）。向后出球时要注意出球的时机和方向，合理利用腰部和腿部的力量。

练习负荷： 1～5 千克×5～10 次×3～5 组。

练习作用： 提高腰部肌群、臀部肌群、腿部肌群和上肢肌群的速度力量。

图 1-68　后抛实心球

(3) 双脚夹传实心球。

练习要求：原地站立，双脚夹住实心球，跳起的同时向前传出实心球（图 1-69）。向前传球时注意双腿要向前摆动。

练习负荷：1~5 千克×5~10 次×3~5 组。

练习作用：发展腹部肌群和大腿前肌群的速度力量。

图 1-69　双脚夹传实心球

(4) 双手上传实心球。

练习要求：两脚开立，双手持实心球上举，传球时上体后仰，快速蹬腿，向前摆上体，同时向前摆上肢至头顶，向后传出实心球（图 1-70）。腰腹部用力，上、下肢配合要协调，发力速度要快。

练习负荷：1~5 千克×5~10 次×3~5 组。

练习作用：发展上肢肌群、腰腹肌群和下肢肌群的速度力量。

图 1-70　双手上传实心球

4. 杠铃力量训练

（1）深蹲。

练习要求： 注意动作技术，慢下快起，控制练习间歇时间在 3~5 分钟，注意保护膝关节，每组练习后一定要注意做快速高抬腿跑或原地连续纵跳。

练习负荷： ①渐增练习法，极限重量的 80%×5 次+85%×4 次+90%×3 次+95%×2 次+100%×1 次。②倒三角形练习法，极限重量的 80%×5 次+85%×4 次+90%×3 次+95%×2 次+100%×1 次+95%×2 次+90%×3 次+85%×4 次+80%×5 次。③衡重练习法，极限重量的 90%~95%×3~5 次×3~5 组。

练习作用： 发展运动员腰腹肌群、大腿前肌群和臀部肌群的爆发力量。

（2）半蹲。

练习要求： 向上蹬伸时髋、膝、踝关节要充分蹬直，动作尽可能快，膝关节角度为 110°~120°（图 1-71）。每组练习后一定要注意做快速高抬腿跑或原地连续纵跳。

练习负荷： 极限重量的 90%~95%×8~10 次×3~5 组。

练习作用： 发展运动员腰腹肌群、大腿前后肌群、臀部肌群和小腿后肌群的绝对力量。

图 1-71　半蹲

（3）提踵。

练习要求： 支撑腿和上体保持正直，髋、膝关节伸直，踝关节最大限度地屈伸（图 1-72）。动作要尽量快，完成每组练习后要做原地徒手直腿跳。

练习负荷：

①单腿提踵：男子，运动员体重的 80%～100%×15～20 次×3～5 组；女子，运动员体重的 70%～90%×10～15 次×3～5 组。

②双腿提踵：男子，极限重量的 80%～90%×20～30 次×3～5 组；女子，极限重量的 60%～80%×20～30 次×3～5 组。

练习作用： 发展运动员小腿后肌群和趾底肌的力量。

图 1-72　双腿提踵

（4）负杠铃单腿斜蹬。

练习要求： 杠铃架斜角为 60°～70°，向上蹬伸时支撑腿髋、膝、踝关节要充分蹬直，摆动腿积极向上摆动，整个动作要尽量快，膝关节角度为 90°～ 100°

(图 1-73)。每组练习后一定要注意做快速高抬腿跑或原地连续纵跳。

练习负荷： 男子，运动员体重的 80%~120%×8~10 次×3~5 组。女子，运动员体重的 70%~100%×8~10 次×3~5 组。

练习作用： 发展运动员腰腹肌群、股四头肌、小腿后肌群和足底肌的爆发力量。

图 1-73　负杠铃单腿斜蹬

(5) 负杠铃或沙袋深蹲跳。

练习要求： 上体保持正直，双腿蹬伸速度快，蹬起后身体充分伸展（图 1-74）。

练习负荷： 30~40 千克×10~15 次×3~5 组。

练习作用： 发展大腿前肌群、臀部肌群和小腿肌群的爆发力量。

图 1-74　负杠铃深蹲跳

(6) 负杠铃单腿台阶上快速蹬伸。

练习要求： 负 30~50 千克的杠铃，单腿站在高 40~50 厘米的台阶上做快速蹬伸（图 1-75）。速度要快，蹬起时腿充分蹬直，两腿交换进行。

练习负荷：10~15 次×3~5 组×2。

练习作用：发展大腿前肌群和臀部肌群的爆发力量。

图 1-75　负杠铃单腿台阶上快速蹬伸

（7）提铃至胸。

练习要求：半蹲，双手握杠，双腿蹬起，同时持杠铃从地面提起至胸前（图 1-76）。提拉速度要快，腰部收紧。

练习负荷：30~50 千克×6~8 次×3~5 组。

练习作用：发展腰背部肌群和上肢肌群的力量。

图 1-76　提铃至胸

5. 上坡跑及弹力带抗阻跑

（1）上坡跑。

练习要求：在坡度 8°~10°、长 50~60 米的斜坡跑道上向上跑。蹬伸要充分，步频要快。

练习负荷：3~5 组。

练习作用：提高臀大肌群、大腿前后肌群、小腿后肌群等的速度力量。

（2）弹力带抗阻跑。

练习要求：两名运动员相互配合进行练习，被牵引的运动员要尽可能加快步频，不能过分拉大步长，练习时要注意安全（图 1-77）。

练习负荷：30~60 米×3~5 组。

练习作用：提高运动员的跑动频率。

图 1-77　弹力带抗阻跑

（四）耐力素质训练

1. 有氧耐力训练

有氧耐力训练的目的是通过各种训练方法有效提高运动员的有氧耐力水平。

（1）计时慢跑。

练习要求：强度 90~120 秒/圈（400 米）；跑的动作放松，速度均匀。

练习负荷：1000~2000 米。

（2）越野跑。

练习要求：可根据训练要求匀速跑或变速跑。

练习负荷：5000~8000 米。

（3）草地折返跑。

练习要求：可根据训练要求匀速跑或变速跑。

练习负荷： 100~200 米×5~8 分钟。

（4）沙地慢跑。

练习要求： 速度均匀，注意安全。

练习负荷： 5~15 分钟。

2. 速度耐力训练

（1）反复跑。

练习要求： 运动员要全力完成起跑后的加速跑，进入途中跑后大步放松跑，最后 30 米要全力冲刺，平均强度达到 90%~95%。

练习负荷： 100~150 米×4~6 次。

练习作用： 提高运动员的速度耐力水平。

（2）不同距离的组合跑。

练习要求： 严格控制跑间间歇时间和组间间歇时间，各段落跑的强度要均衡，或后面的段落稍快于前面的段落，强度为 90%~95%，跑间间隔 30~60 秒，组间间隔 8~10 分钟。

练习负荷：（200 米+150 米+100 米）×3~4 组；（100 米+100 米）×3~4 组；（150 米+50 米）×3~4 组。

练习作用： 有效提高运动员的速度耐力。

（3）起跑过 10~12 栏。

练习要求： 注重栏间跑的节奏，强度为 90%~95%，强调后 4 栏的冲刺速度。

练习负荷： 3~5 组。

练习作用： 提高直道跨栏跑运动员的专项耐力水平。

（五）灵敏和协调性训练

（1）平衡垫单手触标志物。

练习要求： 单腿站立在平衡垫上，逐个触摸前方标志物，腿伸直，背不能弯曲（图 1-78）。

练习负荷： 10～15 次×3～5 组×2。

练习作用： 提高协调能力、踝关节支撑能力。

图 1-78　平衡垫单手触标志物

（2）持哑铃跳小栏架。

练习要求： 双手持哑铃，侧向跳过小栏架，落地保持平稳（图 1-79）。

练习负荷： 20～30 次×3～5 组。

练习作用： 增加腿部力量，提高身体平衡能力。

图 1-79　持哑铃跳小栏架

（3）平衡垫绕栏。

练习要求： 单腿站立于平衡垫上，原地侧绕栏（图 1-80）。

练习负荷： 15~20 次×3~5 组×2。

练习作用： 练习髋、膝、踝三个关节的协调及支撑能力。

图 1-80　平衡垫绕栏

（4）平衡垫前抬腿过栏。

练习要求： 单腿站立于平衡垫上，栏架位于正前方，另一侧腿抬腿过栏架(图 1-81)。

练习负荷： 15~20 次×3~5 组×2。

练习作用： 提高腿部髋、膝、踝关节支撑及协调能力，增强大腿前群肌力量。

图 1-81　平衡垫前抬腿过栏

（5）平衡垫后抬腿过栏。

练习要求： 单腿站立于平衡垫上，栏架位于正后方，另一侧腿抬腿过栏架（图 1-82）。

练习负荷： 15~20 次×3~5 组×2。

练习作用： 提高腿部髋、膝、踝关节支撑及协调能力，增强大腿后群肌力量。

图 1-82　平衡垫后抬腿过栏

（6）俯卧跳。

练习要求： 俯卧在平衡垫上腿向上跳，双腿保持平直，向上跳起（图 1-83）。

练习负荷： 15~20 次×3~5 组。

练习作用： 提高腰背肌协调控制能力。

图 1-83　俯卧跳

（7）平衡垫大字跳。

练习要求： 双腿站立在平衡垫上，跳起后身体充分伸展，空中手、腿伸直，落回平衡垫要稳（图 1-84）。

练习负荷： 15~20 次×3~5 组。

练习作用： 提高身体协调能力，强化核心肌群。

图 1-84　平衡垫大字跳

（8）平衡垫弓步跳。

练习要求： 双腿站立在平衡垫上，跳起后做弓步，身体充分伸展，落回平衡垫要稳（图 1-85）。

练习负荷： 15~20 次×3~5 组×2。

练习作用：提高身体协调能力，强化核心肌群。

图 1-85　平衡垫弓步跳

（9）小栏架侧高抬腿。

练习要求：快速侧向高抬腿的同时跨过小栏架，不断重复（图 1-86）。

练习负荷：10~20 栏×3~5 组。

练习作用：培养快速节奏感，提高踝关节支撑能力，增加关节稳定性。

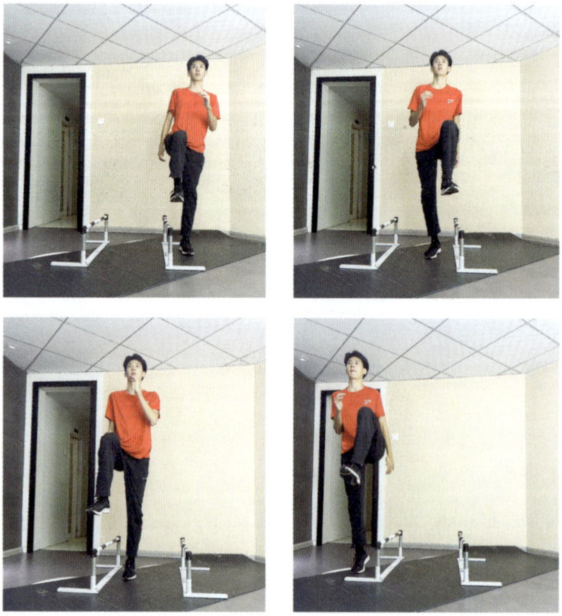

图 1-86 小栏架侧高抬腿

（10）持哑铃转身跳。

练习要求： 持哑铃双脚跳起，空中转身 180°，越过小栏架后着地，落地要稳（图 1-87）。

练习负荷： 10~20 次×3~5 组。

练习作用： 增加核心肌群力量，提高协调能力。

图 1-87　持哑铃转身跳

（11）持哑铃平衡垫展体。

练习要求： 立于平衡垫上，腿高抬转为后伸，身体前倾至呈水平状，手臂与腿成一条直线（图 1-88）。换另一侧重复。

练习负荷： 10~20 次×3~5 组×2。

练习作用： 增加后群肌、背肌力量，提高踝关节稳定性。

图 1-88　持哑铃平衡垫展体

（12）持哑铃平衡垫异侧举。

练习要求： 双手持哑铃，侧平举手臂并侧抬同侧腿，高举手臂并侧抬异侧腿，换另一侧重复（图 1-89）。

练习负荷： 10~20 组×3~5 组。

练习作用： 增加全身协调配合能力。

图 1-89　持哑铃平衡垫异侧举

（13）平衡垫异侧抬。

练习要求： 呈俯卧姿势，抬左手臂及右腿至水平后返回起始位置（图 1-90），换另一侧重复；躯干不要旋转。

练习负荷： 10~20 次×3~5 组×2。

练习作用： 提高核心肌群力量，增强全身协调配合能力。

图 1-90　平衡垫异侧抬

（14）平衡垫蜘蛛抬腿。

练习要求： 呈俯卧姿势，屈腿侧抬膝同时做俯卧撑后返回起始位置(图 1-91)，换另一侧重复；躯干不要旋转。

练习负荷： 6~10 次×3~5 组×2。

练习作用： 增加核心肌群及上肢力量，提高全身协调配合能力。

图 1-91 平衡垫蜘蛛抬腿

（15）平衡垫转体。

练习要求： 呈俯卧姿势，转体单手支撑呈大字（图 1-92），动作稳定后返回起始位置，换另一侧重复。

练习负荷： 6~10 次×3~5 组×2。

练习作用： 增强核心肌群力量，提高全身协调配合能力。

图 1-92 平衡垫转体

（16）侧弓步穿栏架。

练习要求： 侧对栏架下蹲成侧弓步，穿过栏架（图 1-93）。

练习负荷： 10~20 栏×3~5 组。

练习作用： 提高髋关节灵活性、协调性。

图 1-93　侧弓步穿栏架

（17）正弓步穿栏架。

练习要求： 正对栏架下蹲呈正弓步，穿过栏架（图 1-94）。

练习负荷： 10～20 栏×3～5 组。

练习作用： 提高髋关节灵活性、协调性。

图 1-94　正弓步穿栏架

（18）走栏接侧弓步穿栏架。

练习要求： 单腿跨过栏架，侧对第二个栏架下蹲呈侧弓步穿过栏架，转正弓步起身（图 1-95）。

练习负荷： 10～20 栏×3～5 组。

练习作用： 提高髋关节灵活性、协调性。

图 1-95　走栏接侧弓步穿栏架

（19）听掌声高抬腿。

图 1-96　听掌声高抬腿

练习要求：教练按三步栏节奏击掌，运动员根据掌声节奏完成高抬腿训练（图 1-96）。

练习负荷：20~30 次×3~5 组。

练习作用：提高神经反应速度。

（20）空中交换跳栏。

练习要求：单腿起跳，空中双腿交换，绕过栏架后单脚支撑，继续交换跳栏（图 1-97）。

练习负荷：8~10 栏×3~5 组。

练习作用：训练协调配合能力。

图 1-97　空中交换跳栏

（21）持球向后走栏。

练习要求：双手持球举过头顶，向后走栏，一步一栏（图 1-98）。

练习负荷：8~10 栏×3~5 组。

练习作用：提高髋关节灵活性、协调性，训练协调配合能力。

图 1-98 持球向后走栏

（22）持球向前走栏。

练习要求：双手持球举过头顶，向前走栏，一步一栏（图 1-99）。

练习负荷：8~10 栏×3~5 组。

练习作用：提高髋关节灵活性、协调性，训练协调配合能力。

图 1-99 持球向前走栏

（23）持球六边形走栏架。

练习要求：双手持球举过头顶，依次高抬腿走过每一个栏架，每走一个栏架后返回圆心（图 1-100）。

练习负荷：6 栏×3~5 组。

练习作用：发展腰髋力量，髋、膝、踝三个关节的支撑能力，训练全身协调配合能力。

图 1-100　持球六边形走栏架

（24）持球六边形直腿走栏架。

练习要求： 双手持球举过头顶，依次走过每一个栏架，栏上腿伸直，每走一个栏架后返回圆心（图 1-101）。

练习负荷： 6 栏×3～5 组。

练习作用： 发展腰髋力量，训练全身协调配合能力。

图 1-101　持球六边形直腿走栏架

（25）持球六边形屈腿跳栏架。

练习要求： 双手持球举过头顶，依次屈腿跳过每一个栏架，每跳一个栏架后跳回圆心（图 1-102）。

练习负荷： 6 栏×3～5 组。

练习作用：发展跳跃能力，训练全身协调配合能力。

图 1-102　持球六边形屈腿跳栏架

（26）持球六边形直腿跳栏架。

练习要求：双手持球举过头顶，分腿跳过栏架，双腿伸直（图 1-103）。

练习负荷：6 栏×3~5 组。

练习作用：发展跳跃能力，训练全身协调配合能力。

图 1-103　持球六边形直腿跳栏架

五、直道跨栏跑运动员专项训练

跨栏运动员专项训练的目的是建立正确的跨栏跑完整技术，通过练习培养栏感和节奏感。

（一）节奏训练

（1）跑实心球或标志物。

练习要求： 标志物间距 1.5~2.0 米，运动员助跑快速跑过，教练员给出节奏信号提示，节奏应清晰。

练习负荷： 8~10 个标志物×8~10 次。

练习作用： 提高运动员跑的节奏感。

（2）跨标志物。

练习要求： 标志物间距 6~8.5 米；三步一跨，重点在三步节奏（图 1–104）。

练习负荷： 5~8 个标志物×8~10 次。

练习作用： 培养运动员栏间三步跑的节奏感。

图 1–104　跨标志物

（3）跨低栏。

练习要求： 将栏架降至最低或放倒呈倒置的“V”字形放置，栏间距离 6~7 米，栏间三步跑，强调栏间跑的节奏，熟练后加快跑动速度，进一步强调摆动腿的屈膝高抬和下压动作，起跨腿做适当的折叠外展和积极的提拉动作（图 1-105）。

练习负荷： 5~8 栏×8~10 次。

练习作用： 提高运动员的跨栏技术，改进栏间三步跑的节奏。

图 1-105　跨低栏

（二）专项力量训练

（1）栏侧负重或不负重直摆腿。

练习要求： 在跑道上摆放 5~10 个栏架，也可用单栏练习，运动员在栏侧做连续直腿摆动过栏，摆动时腿要伸直，幅度要大，摆动要快（图 1-106）。

图 1-106　栏侧负重或不负重直摆腿

练习负荷： 5~10 栏×5~6 组。

练习作用： 发展腹部肌群、髂腰肌和大腿前群肌的速度力量，提高运动员的动作速度。

（2）原地负沙袋快速抬腿。

练习要求： 在脚踝处负 2~2.5 千克的沙袋做快速抬腿，练习时膝关节要尽量高抬，动作要快，两腿交换进行（图 1-107）。

练习负荷： 20~30 次×3~5 组或 10 秒×3~5 组。

练习作用： 提高跨栏运动员摆动腿的摆动速度和腿部肌群的速度力量。

图 1-107　原地负沙袋快速抬腿

（3）负沙袋扶栏架栏侧绕栏。

练习要求： 在脚踝处负 2~2.5 千克的沙袋做快速的栏侧提拉摆腿，幅度要大，摆动要到位，两腿交换进行（图 1-108）。

练习负荷： 10~20 次×3~5 组或 10 秒×3~5 组。

练习作用： 提高跨栏运动员起跨腿的提拉摆动速度和大腿肌群的速度力量。

图 1-108　负沙袋扶栏架栏侧绕栏

（4）负沙袋扶栏架栏侧直腿前后绕环。

练习要求： 在脚踝处负 2~2.5 千克的沙袋做快速的栏侧直腿绕环，绕动时腿要伸直，脚尽量在空中向前或向后画一个圆圈（图 1-109）。

练习负荷： 10~15 次×3~5 组。

练习作用： 发展髋关节周围肌群的速度力量和灵活性。

图 1-109　负沙袋扶栏架栏侧直腿前后绕环

（5）负沙袋跨栏坐后腿前摆。

练习要求： 在脚踝处负 2~2.5 千克的沙袋做快速的后腿前拉摆动，摆到正前方时屈腿姿势不变，然后快速回到原位，两腿交换练习（图 1-110）。

练习负荷： 10~15 次×3~5 组。

练习作用： 发展起跨腿髋关节周围肌群的速度力量和灵活性。

图 1-110　负沙袋跨栏坐后腿前摆

（6）负弹力带的摆动腿摆腿。

练习要求： 弹力带一头固定在运动员前方较高位置，另一头固定在运动员脚踝处，摆动腿做快速的下压摆动，两腿交换进行练习（图 1-111）。

练习负荷： 20～30 次×3～5 组或 10 秒×3～5 组。

练习作用： 发展摆动腿大腿后肌群的速度力量和摆动腿的摆动速度。

图 1-111　负弹力带的摆动腿摆腿

（7）负弹力带的起跨腿提拉摆动。

练习要求： 弹力带一头固定在运动员腰部平行位置，另一头固定在运动员膝关节处，运动员扶肋木做快速前拉摆动，两腿交换进行练习（图 1-112）。

练习负荷： 20～30 次×3～5 组或 10 秒×3～5 组。

练习作用： 发展起跨腿大腿肌群的速度力量和摆动速度。

图 1-112　负弹力带的起跨腿提拉摆动

（8）原地单腿负重快速抬腿。

练习要求： 原地站立，一手扶栏架或肋木，一手稳定杠铃片，抬腿速度要快（图 1-113）。

练习负荷： 15～25 千克×10～15 次×3～5 组。

练习作用： 发展髂腰肌、大腿前群肌的快速力量。

图 1-113　原地单腿负重快速抬腿

（9）加压训练。

练习要求： 躺于垫上，一腿伸直举高，与下压的力量对抗（图 1-114）。

练习负荷： 10~20 次×3~5 组。

练习作用： 发展髂腰肌、大腿前群肌的力量。

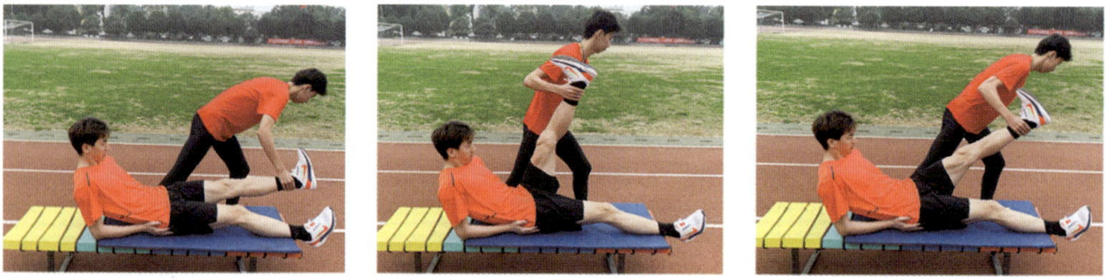

图 1-114　加压训练

（三）跨栏专项技术训练

（1）栏侧直摆腿。

练习要求： 进行计时练习，上体正直，摆动腿伸直，左右腿交替进行，摆动速度要快（图 1-115）。

练习负荷： 10 栏×5~10 组。

练习作用： 提高运动员的动作速度，发展髋关节的灵活性和柔韧性，学习跨栏的基本技术，培养运动员的栏感。

图 1-115　栏侧直摆腿

（2）栏侧屈腿摆。

练习要求： 进行计时练习，上体正直，摆动腿大小腿折叠紧，大腿尽量高抬，两腿交换做动作，重心移动要快（图 1-116）。

练习负荷： 10 栏×5~10 组。

图 1-116　栏侧屈腿摆

（3）起跨腿栏侧一步过栏。

练习要求： 栏间距 1~1.2 米，栏高 76~84 厘米，过栏时大腿高摆，前摆到位（图 1-117）。

练习负荷： 5~10 栏×3~5 组。

图 1-117 起跨腿栏侧一步过栏

（4）摆动腿栏侧一步过栏。

练习要求： 栏间距 1～1.2 米，栏高 76～84 厘米，大腿高摆，下压要快（图 1-118）。

练习负荷： 5～10 栏×3～5 组。

图 1-118 摆动腿栏侧一步过栏

（5）栏上左右腿走栏。

练习要求： 栏间距 1～1.2 米，栏高 76～84 厘米，大腿高摆，前摆时大小腿折叠紧，摆动腿前摆到位，快速下压（图 1-119）。

练习负荷： 5～10 栏×3～5 组。

图 1-119　栏上左右腿走栏

（6）原地起跨腿快速绕栏。

练习要求： 摆动幅度要大，摆动尽可能快，动作到位，进行计时练习（图 1-120）。

练习负荷： 10 秒×3~5 组。

图 1-120　原地起跨腿快速绕栏

（7）手扶栏架或肋木直腿前后绕栏。

练习要求： 绕栏时腿要尽量伸直，幅度要大，两腿交换进行计时练习（图 1-121）。

练习负荷： 10 秒×3~5 组。

图 1-121　手扶栏架或肋木直腿前后绕栏

（8）摆动腿对栏攻摆模仿。

练习要求： 重心积极前移，起跨腿积极蹬伸，两腿交换进行（图 1-122）。

练习负荷： 10 次×3～5 组。

图 1-122　摆动腿对栏攻摆模仿

（9）快速摆臂。

练习要求： 原地两脚前后开立，徒手或持哑铃，重心放在前脚，双手持哑铃左摆臂练习，摆臂时肘关节角度保持不变，肩部放松（图 1-123）。

练习负荷： 10 秒×4～6 组或 50～60 次×4～6 组。

练习作用： 发展肩部和上肢肌群的速度力量。

图 1-123　快速摆臂

（10）攻栏模仿练习。

练习要求：摆动腿自后折叠，提髋向前摆出，起跨腿积极向前蹬伸（图 1-124）。

练习负荷：10～20 次×3～5 组。

图 1-124　攻栏模仿练习

（四）行进间栏间技术模仿训练

（1）起跨攻栏模仿。

练习要求： 慢跑 1~2 步做攻栏练习，攻栏时身体重心快速前移，起跨腿充分蹬伸，摆动腿膝关节高抬前攻的同时小腿向前摆动快速下扒着地，也可做负重练习（图 1-125）。

练习负荷： 10~15 次×3~5 组。

练习作用： 提高跨栏运动员的攻栏速度和技术，也可作为改进跨栏跑跨结合的手段之一。

图 1-125　起跨攻栏模仿

（2）走动中起跨腿栏侧一步过栏。

练习要求： 栏间距 1~1.5 米，栏高 91.4 厘米。在做起跨腿栏侧过栏时，必须先高抬外侧腿，外侧腿快速下压的同时起跨腿快速提拉前摆，起跨腿膝关节要前摆到位（图 1-126）。

练习负荷： 5~8 栏×3~5 组。

练习作用： 提高起跨腿的摆动速度，改进提拉摆动的技术。

图 1-126　走动中起跨腿栏侧一步过栏

（3）走动中摆动腿栏侧一步过栏。

练习要求： 栏间距 1～1.5 米，栏高 91.4 厘米。走动中摆动腿要快速高抬摆动过栏（图 1–127），重心移动要快，过栏后小腿积极下压扒地。

练习负荷： 5～8 栏×3～5 组。

练习作用： 提高摆动腿的摆动速度和技术。

图 1–127　走动中摆动腿栏侧一步过栏

（4）走动中一步过栏。

练习要求： 栏间距 1～1.5 米，栏高 91.4 厘米。上肢、摆动腿和起跨腿要协调配合，抬腿和摆动要到位，动作连贯流畅，保持高重心，过栏时重心要平稳(图 1–128)。

练习负荷： 6～10 栏×3～5 组。

练习作用： 提高跨栏运动员跨栏步技术和上下肢协调配合的能力。

图 1–128　走动中一步过栏

（5）跑动中起跨腿栏侧一步过栏。

练习要求： 栏间 2.5～3 米，栏高 91.4 厘米。过栏时高抬外侧腿，起跨腿积极前拉摆动，着地后重心快速前移（图 1–129）。

练习负荷： 5～8 栏×3～5 组。

练习作用：提高跨栏运动员起跨腿的摆动速度和摆动技术，改进跨栏步的技术和上下肢的协调配合能力。

图 1-129　跑动中起跨腿栏侧一步过栏

（6）跑动中摆动腿栏侧一步过栏。

练习要求：栏间 2.5~3 米，栏高 91.4 厘米。摆动腿快速高抬前摆，重心移动要快，下栏时快速下摆扒地支撑，一步过栏时要保持重心平稳、动作连贯（图 1-130）。

练习负荷：5~8 栏×3~5 组。

练习作用：提高跨栏运动员摆动腿的摆动速度和过栏技术，改进跨栏步的技术和上下肢的协调配合能力。

图 1-130　跑动中摆动腿栏侧一步过栏

（7）跑动中一步过栏。

练习要求：栏间 2.5~3 米，栏高 91.4 厘米。过栏时上下肢、摆动腿和起跨腿协调配合，重心平稳，快速跑动过栏（图 1-131）。

练习负荷：5~8 栏×3~5 组。

练习作用：改进跨栏运动员的跨栏步技术。

图 1-131　跑动中一步过栏

（8）跑动中起跨腿栏侧三步过栏。

练习要求： 栏间 8~8.5 米，栏高 91.4 厘米。过栏时高抬外侧腿，起跨腿积极向前提拉摆动，当膝关节摆到正前方高点时快速向前跑动。

练习负荷： 5~8 栏×3~5 组。

练习作用： 改进起跨腿的过栏技术。

（9）跑动中摆动腿栏侧三步过栏。

练习要求： 栏间 8~8.5 米，栏高 91.4 厘米。摆动腿快速高台前摆，过栏后积极下压扒地支撑。

练习负荷： 5~8 栏×3~5 组。

练习作用： 改进摆动腿的过栏技术。

（10）跑动中三步过栏。

练习要求： 注重栏间三步跑的节奏和跑跨、跨跑的衔接。

练习负荷： 5~8 栏×3~5 组。

练习作用： 改进跨栏步技术和栏间三步跑的节奏。

（11）跑动中栏间三步过小栏架。

练习要求： 可设置高度为 40~50 厘米高的海绵块或小练习架，间距 6~7.5 米；要求栏间以小三步快速跑动，跨过障碍物（图 1-132）。

练习负荷： 5~8 栏×5~6 次。

练习作用：培养运动员栏间三步跑的节奏感，使其掌握跨栏的基本技术。

图 1-132 跑动中栏间三步过小栏架

（12）起跑过前三栏。

练习要求：注重起跑到第一栏的节奏。

练习负荷：3 栏×3~5 组。

练习作用：改进和完善起跑至第一栏的节奏。

（13）栏间四步左右腿过栏。

练习要求：左右腿熟练过栏，栏架或小练习架高 40~50 厘米，栏间距 8~9.5 米。

练习负荷：5~6 栏×5~6 次。

（14）栏间不同步数组合练习。

练习要求：根据栏间距设置 3~5 步的栏间跑；要求运动员灵活变换步数，左右腿熟练过栏。

练习负荷：100~200 米×5~10 栏×4~6 组。

练习作用：发展运动员左右腿跨栏的能力和不同栏间距熟练变换栏间步数的能力。

（15）站立起跑过 8 栏。

练习要求：重心平稳，摆动腿积极下压支撑，起跨腿快速前摆跑动。

练习负荷：8 栏×4~6 组。

练习作用：完善跨栏步技术和栏间跑节奏。

（16）跨栏队内测试。

练习要求：3～5 人进行 5～8 栏的测试比赛。

练习负荷：5～8 栏×1～2 组。

（五）起跑 7 步上栏的优点及难点

运动员起跑到第一栏，可以根据各自条件选择跑 7 步或者跑 8 步上栏，大多数运动员跑 8 步。一般身材高大、爆发力强、专项技术优秀可以采用 7 步，跑 7 步上栏的运动员，摆动腿放在前起跑器上。

优点：减少了一步，如果按照以往的步频肯定会缩短时间，有利于重心前移。7 步上栏的后蹬力要大于 8 步上栏，向前性比 8 步上栏更好。

难点：运动员因为在一定距离内跑 7 步需要踏上合适的起跨点，步长和步频之间需要相互调节，若节奏不合适，栏前 1～2 步容易跨大步或是以放松用力去调整步长，这会影响运动员加速。

六、直道跨栏跑运动员的训练恢复、训练监控和伤病预防

（一）青少年直道跨栏跑运动员训练疲劳的诊断和恢复

1. 青少年直道跨栏跑运动员训练疲劳的诊断

（1）主观观察法。

训练的恢复问题一直是每一名教练员所关心和探究的问题，运动员自训练开始就伴随着消耗和恢复，随着现代竞技体育运动技术水平的不断提高，训练的负荷量和负荷强度也非常大，仅靠吃饭、休息和睡眠这种自然的恢复手段已经难以适应和满足当前训练的需要。因此，在现代训练体系中，运动员的训练恢复已经成为决定训练水平的重要一环。

在训练中，当运动员出现疲劳后，相关器官系统的机能能力就会出现下降，表现为运动员运动能力下降，如出现步频减慢、耐力下降、训练后脉搏恢复时间延长等，运动员的自我感觉为身体发沉、跑不动、跑的动作僵硬、怕训练、精神难以集中等，跨越栏架时会出现技术变形、栏感差、节奏不稳定等。教练员除了要在训练中时刻观察运动员的身体情况，还应借助测量表对运动员的疲劳情况进

行诊断。

（2）生化测试法。

在训练过程中，田径运动员多用血红蛋白值、尿蛋白值、血睾、肌力值、肺活量、血乳酸等检查疲劳情况，如果出现疲劳，上述指标都会出现不同程度的变化，在训练过程中，尤其是在冬训和赛前强化训练阶段要定期对运动员进行检查和测试，可以为教练员制订科学的训练计划提供重要参考。

2. 青少年直道跨栏跑运动员训练疲劳的恢复

青少年直道跨栏跑运动员训练疲劳的恢复方法与手段基本包括五个方面：自身恢复、借助性（物理性）恢复、营养恢复、心理恢复和训练调节转换恢复。

（1）自身恢复。

运动员训练后，通过慢跑、自我放松、拉伸练习、变换节奏、休息睡眠、游戏与文娱活动等方法进行自我调节性恢复。

（2）借助性（物理性）恢复。

通过拉伸、按摩、抖动、理疗、针灸、热水浴、桑拿浴、冷敷、冰敷等方法进行恢复。

（3）营养恢复。

青少年儿童随年龄的不同，自身会产生调节功能；青少年儿童生理恢复主要依靠充足的睡眠，以及补充营养物质等在体内产生自然效应来实现恢复。

（4）心理恢复。

根据青少年儿童发育的年龄和心理特点，利用词语暗示、关怀鼓励、情绪控制、思维转换、心理调节、改变训练环境、改变训练项目和内容等多种方法进行心理恢复。

（5）训练调节转换恢复。

利用其他适合青少年的运动项目、游戏、户外、拓展等实施调节性训练手段，以期达到恢复效果；同时增加心理恢复，提升全面发展水平。

（二）青少年直道跨栏跑运动员的训练监控

运动成绩是建立在运动负荷基础上的，跨栏项目因项目特点，训练负荷较大，在负荷之后必然带来机体能力的下降，产生疲劳，加强运动员的训练监控和疲劳恢复是训练的组成部分；监控与恢复甚至比训练负荷更重要。

1. 自我监控

青少年运动员可运用自我监控的方法，在训练日记中记录自己训练的状态、身体反应和健康状况。

主观上训练欲望、睡眠状况、食欲和排汗量；客观上训练脉搏和体重。

2. 生理生化指标监控

（1）定期血清肌酸激酶、乳酸脱氢酶的测定及营养水平的监控。

（2）心血管系统机能监控：日常的心率、血压、心电监控。

（3）血液载氧系统机能评定与监控：血红蛋白、红细胞数量、压积及血清铁蛋白等；肝、肾及物质代谢的监控：尿素氮、尿蛋白及代谢产物等。

（4）内分泌系统的监控：阶段性血清总睾酮、游离睾酮、总皮质醇、总睾酮与总皮质醇的比值等。

（三）青少年直道跨栏跑运动员伤病的诊治及预防

运动后机体产生疲劳属正常反应，但如果疲劳积累且不能及时消除，就会发生肌肉、韧带和骨骼损伤，影响训练。这就需要建立训练预防与保障机制，防止机体出现不良症状，造成伤病。

1. 青少年直道跨栏跑运动员训练中常见的损伤

（1）踝关节损伤。

踝关节损伤在跨栏运动中发生的概率较高，大多是身体失去重心所致。

（2）膝关节韧带扭伤。

训练时由于外力使关节活动超出正常生理范围，造成关节周围的韧带拉伤。

（3）半月板损伤。

半月板损伤是跨栏运动员容易出现的伤病，在下栏着地时重心不稳等会造成运动员的半月板损伤。

（4）后群肌肉拉伤。

训练负荷量过大，肌肉因为急剧收缩或过度牵拉可导致肌肉拉伤，大腿后群肌肉拉伤最为常见，大腿内收肌、腰背肌、腹直肌、小腿三头肌、上臂肌等都是跨栏运动员肌肉拉伤的易发部位。

（5）跟腱炎。

由于高强度施加过大力量或传送的力量不均匀而造成跟腱损伤。损伤从肌肉微小创伤或发炎等症状开始，反反复复形成慢性炎症。跨栏是一个需要强大爆发力的项目，会对运动员腿部肌腱造成相当大的压力，因此很容易导致肌腱拉伤甚至断裂，尤其是在跟腱发炎的情况下，很容易出现意外事件。

（6）腰部损伤。

主要表现为专项训练安排过多，运动量、强度、密度过大，局部负担量过重，使运动员在训练中易产生疲劳而致伤，提杠铃动作不正确、跨栏技术动作不正确容易引起腰部肌肉筋膜损伤。

（7）胫骨骨膜炎。

损伤原因多为场地硬、训练手段单一、局部负荷过重、跳跃练习过多、跨栏着地不正确等。

2. 青少年直道跨栏跑运动员产生伤病的主要原因

（1）运动负荷过大，疲劳积累，造成机体各系统紊乱，产生伤病。

（2）跨栏技术不规范、不合理，专项和一般耐力训练后身体疲劳，技术变形或技术错误而发生运动损伤。

（3）准备活动与放松整理活动不充分，运动时肌体局部负担过重而发生运动损伤。

（4）违背青少年直道跨栏跑运动员不同年龄发育特点实施训练，对身心造成伤害。

3. 青少年直道跨栏跑运动员训练损伤的预防及应对措施

（1）根据产生伤病的原因，采取有效的科研、防治和保障机制。

（2）加强科学研究，组织运动训练与监控科技服务，经常到训练场地，保障训练计划执行的科学性和跨栏技术动作的规范性。

（3）每次训练课都应做好准备活动，拉伸练习是有效预防肌肉、韧带损伤的方法；训练结束也应做相应的放松整理和拉伸活动。

（4）增强薄弱环节的力量练习，增强对小关节、小肌肉群力量的练习。

（5）发生急性损伤时需紧急处理，并及时送医疗室治疗。

（6）加强训练后的管理，教育青少年运动员养成有规律的生活习惯，合理安排学习、休息、娱乐等时间。

（鸣谢：孙旻婧　崔麟　周裕光　何显林　尹靖　佘丰）

400米跨栏跑

张增惠　黄潇潇

400米跨栏跑的关键在于：运动员要在体力接近衰竭的情况下准确过栏。这就需要运动员具备较高的400米跑水平、准确的栏间节奏和稳定的过栏技术。

一、400 米跨栏跑技术的构成与技术节奏要点

（一）400 米跨栏跑技术的构成

400 米跨栏跑属于非对称周期性项目，完整的 400 米跨栏跑技术包括起跑至第一栏技术、跨栏步技术、栏间跑技术和全程跑技术。其中跨栏步技术又分为直道跨栏步技术和弯道跨栏步技术两种。跨栏技术的动作结构与直道跨栏跑很相似，但由于栏架高度低于直道跨栏跑，因此过栏难度略小；栏间跑距离较长，与直道跨栏跑三步栏间跑节奏差异较大。

（二）400 米跨栏跑技术节奏要点

400 米跨栏跑技术节奏要点分为：跨栏步技术、起跑至第一栏技术节奏、栏间跑技术节奏和全程跑技术节奏。

1. 跨栏步技术

400 米跨栏跑的基本技术与直道跨栏跑相同，只是部分环节的技术要求有所不同。由于栏架高度和栏间距离不同，所以过栏的动作幅度、用力程度的动作细节有差别。男子 400 米跨栏跑在直道过栏时与男子 110 米跨栏跑相比无实质性区别，只是难度略小。由于栏架高度介于男子 110 米跨栏跑和女子 400 米跨栏跑之间，过栏时仍需有一定的幅度，尤其是身材高大、技术水平高、栏间步数比较少的运动员，需要有较大的动作幅度和跨栏步步长。

女子 400 米跨栏跑栏架较低，起跨攻栏时的后蹬力量、上体前倾角度、摆臂幅度、起跨腿提拉幅度均小于其他跨栏项目，其动作自然，接近短跑技术。

在弯道过栏时，运动员身体应向左侧倾斜。一般用右腿跨过弯道栏，左腿前摆时膝稍外展，左肩低于右肩，右臂积极前伸，稍向左转，以维持身体平衡。

摆动腿下栏时以脚外侧先着地，起跨腿以脚掌内侧先着地。弯道弧度略小时（如第 7、第 8 道过栏），上述要求可适当降低。对于右腿为摆动腿的选手在过弯道栏时，起跨前几步应沿跑道的中线跑进，用起跨腿前脚掌外侧踏上起跨点；摆动腿摆动的方向（包括脚的落点）适当向跑道外侧一些；起跨腿提拉时，要注意大小腿折叠从栏板上沿提拉过栏至左前方落地继续跑进；起跨腿同侧臂向前摆动时不要越过身体中线，以尽可能减少因离心力给身体带来的扭动。

2. 起跑至第一栏技术节奏

400 米栏跨栏跑起跑技术同 400 米跑，但加速过程相对稍短，步幅均匀且节奏感清晰的加速方式与 400 米跑略有不同，要与 400 米跨栏全程跑的节奏相适应。跑至 15~20 米处要有弹性，跑至 35 米处通过加快步频的方式获得攻栏前的速度，为迅速过栏及过栏后获得更大的水平速度做准备。

3. 栏间跑技术节奏

（1）下栏后上体要压住并使身体重心迅速前移，前几步要保持一定的步频。

（2）栏间跑技术动作要放松、有弹性，节奏感要强、步幅均匀，栏间中后程要目测栏距。

（3）栏前 3~5 步要适当加快节奏，要有积极攻栏的意识。

（4）栏间节奏转换时应及时调节步幅与步频（如 13 步转跨 14 步时），以便准确地过栏（栏前要求同上），减少过栏时间与节省能量。

（5）弯道跑技术同 400 米弯道跑技术。

4. 全程跑技术节奏

（1）跑跨结合技术的流畅程度与节奏转换的衔接是跨栏跑全程技术的重点。

（2）全程栏间节奏可以采取三种类型：单步数节奏（男 13、15 步；女 15、17 步）；双步数节奏（男 14、16 步；女 16 、18 步）；混合节奏（单、双步数交替）。

（3）全程跑的步幅、步频、节奏要合理，不同的节奏与节奏转换方式（包括自身的特点）要有不同的要求。重要的是要设计出与个人技术特点及 400 米平跑水平（能力）相适应的全程跨栏节奏。

（4）保持栏间合理节奏的同时，要求全程跑的速度相对均匀，前后 200 米的差距应在 2~3 秒比较合适。

二、400 米跨栏跑运动员各阶段的训练任务与要求

（一）14~15 岁阶段

1. 训练任务

（1）全面发展身体素质，着重发展速度、快速力量、灵敏协调性和柔韧

素质。

（2）学习并掌握短跑、跳远和推铅球等项目的基本技术和技能。

（3）重点发展步频和动作速度，培养速度节奏感。

（4）学习与掌握跨栏跑的基本技术，注重双腿跨栏的平衡教学。

2. 训练要求

（1）此阶段应重视对动作频率、反应速度的专门培养。

（2）素质训练的方法力求全面、多样、实效，通过多项训练提高跨栏运动员所必备的素质。

（3）专项训练着重于掌握基本技术。基本的跑、跳技术应以青少年自然合理的技术动作为基础，并逐步进行完善。跨栏技术的教学与训练力求规范。

（4）遵循青少年生长发育规律，逐渐增加运动负荷，特别要控制好耐乳酸训练的量。

（5）双腿都能过栏，并能在短程栏中协调地转换。

（二）16~17 岁阶段

1. 训练任务

（1）在全面发展身体素质的前提下，进一步发展专项身体素质，突出动作节奏和速度能力。

（2）掌握跨栏跑的全程技术，专项成绩达到或接近一级运动员标准。

（3）学习跨栏跑理论知识，加深对技术的理解和训练规律的了解。

（4）着重提高 400 米跨栏跑运动员的跑跨结合能力与左右开弓在比赛中的运用能力。

（5）通过比赛，培养心理适应能力，增强比赛能力。

2. 训练要求

（1）此阶段应重点发展速度素质，发展力量素质要从小肌肉群着手，注意均衡发展上下肢、前后肌群，特别是以髋关节为中心的相关肌肉的协同用力能力。

（2）参加相关项目的多项比赛，积累与提高有关比赛的经验。

（3）完整技术练习时应注重动作节奏，特别是速度节奏的控制能力。

（4）逐渐加大训练负荷。通过不同栏距、不同节奏的训练，提高运动员的跑跨结合能力，改善运动员的节奏水平与节奏转换意识。

（5）增加专项训练的比例。进一步规范和改进技术动作。扬长避短，逐步形成个人技术风格。

虽然 14~17 岁是进入成年运动员的重要时期，但做好儿童时期（12~13 岁）的过渡衔接训练工作同样值得我们重视。在儿童时期，教练员应根据其生理、心理特点，通过多样化手段对敏感期的各项素质（速度、弹跳、节奏、灵敏、柔韧）进行学习，发展基本技能、技巧和心肺功能，培养他们对田径项目及跨栏跑训练的兴趣。通过一般性的基础训练促进生长发育，为下一阶段打下健康的基础。

对于 16~17 岁的青少年运动员而言，此时因训练周期的不同，运动天赋、基础训练，以及成长发育情况已经出现了差异化。因此，这阶段青少年运动员的训练应在本书的建议基础上本着区别对待的原则进行训练。对于训练周期长，且具备专业潜质的青少年运动员可以适当提前加强专项训练（表 2–1）。

表 2–1　400 米跨栏跑技术要点及各年龄段要求

技术要点	各年龄段技术要求		
	12~13 岁	14~15 岁	16~17 岁
（1）跑动技术规范，动作舒展，富有弹性，具有较高的速度水平与 400 米平跑能力 （2）跨栏技术规范，跑跨结合连贯而流畅，节奏放松而准确，左右开弓能灵活运用，转换意识强，全程节奏合理	（1）建立正确完整的技术概念 （2）学习和掌握跨栏跑的一些基本技术 （3）敢于越过 50~60 厘米的栏架或障碍 （4）较优秀的运动员可以连续跨越低栏	（1）学习与掌握两腿交替跨栏技术 （2）尽可能缩小两腿过栏技术的差异 （3）初步掌握弯道跨栏技术的技巧 （4）跑跨结合较为流畅	（1）掌握弯道过栏技术 （2）掌握快速跑动中转换跨栏腿技术 （3）熟练掌握两腿交替跨栏技术 （4）选择与实际水平相适应的栏间节奏，有流畅的栏间节奏与转换意识

三、400 米跨栏跑运动员的跨栏技术教学训练步骤

（一）跨栏基本技术训练

将摆动腿与起跨腿分解进行练习，它的主要目的是降低练习的难度，使学习

者的注意力集中到一个动作上，从而更快地掌握跨栏技术。

1. 摆动腿攻栏技术练习

对于初学者来说，学习跨栏的模仿练习是掌握跨栏基本技术的必经途径。大量的模仿练习能对学习者建立技术雏形有所帮助。

（1）原地、行进间摆动腿攻摆“鞭打”练习。

练习要求： 摆动腿屈膝折叠向前上方高抬，立腰；起跨腿髋、膝、踝关节充分伸展。当膝抬至最高点时，大腿快速下压，膝关节放松使小腿顺惯性摆出，形成“鞭打”动作（图 2-1）。两臂配合摆动。在原地练习基础上过渡到行进间练习。

练习作用： 强化摆动腿攻摆动作的肌肉用力顺序。

图 2-1　原地、行进间摆动腿攻摆“鞭打”练习

（2）原地摆动腿攻栏练习。

练习要求： 面对肋木或适宜高度的海绵垫或鞍马站立，高度 2~2.5 米。起跨腿上一步做起跨蹬伸动作，摆动腿屈膝高抬前伸小腿做攻栏动作（图 2-2）。

练习作用： 强化起跨攻栏时蹬与摆的协调用力的本体感觉。

图 2-2　原地摆动腿攻栏练习

（3）行进间摆动腿过栏侧练习（5~8 栏）。

练习要求： 栏架前 5 米小步跑进，起跨腿在距栏架 1 米左右时起跨蹬伸，摆动腿屈膝高抬快速向前上方摆动，当膝关节达到最高点时快速下压大腿，小腿顺惯性前伸，在摆动腿异侧臂回摆、同侧臂前摆配合下完成过栏动作（图 2-3）。可连续一步进行小步慢跑、高抬腿跑或中速跑（3 步或 5 步）进行摆动腿过栏侧练习。

练习作用： 提高跨栏步摆动腿过栏动作的专门技能。

图 2-3　行进间摆动腿过栏侧练习

2. 起跨腿过栏技术练习

（1）原地起跨腿侧斜提拉。

练习要求： 站于肋木前 1～1.5 米处，双手扶木，身体呈前倾位单腿支撑，起跨腿脚掌内侧、膝关节内侧放于栏上，顺着栏架向前提拉起跨腿（图 2-4）。

练习负荷： 单侧腿 12 次×2 组。

练习作用： 体会起跨腿过栏动作的肌肉本体感觉。

图 2-4　原地起跨腿侧斜提拉

（2）原地起跨腿侧平提拉。

练习要求：预备姿势同上。整个提拉过程大腿外展、小腿旋外、勾脚尖外翻，小腿随大腿前拉逐步与大腿折紧，膝始终高于踝，直至膝关节抬至胸前正前方（图 2-5）。

练习负荷：单侧腿 12 次×2 组。

练习作用：体会起跨腿提拉动作发力肌群的本体感知，发展髋部及屈大腿肌群力量。

图 2-5　原地起跨腿侧平提拉

（3）行进间起跨腿过栏侧练习（5~8 栏）。

练习要求：栏架前 5 米小步跑进，起跨腿在距栏架 1~1.2 米处起跨蹬伸，摆动腿在栏外屈膝高抬下压，前脚掌落在栏后稍远处，起跨腿随摆动腿快速下压完成从栏侧上沿提拉过栏至体前正前方着地，继续跑进，两臂协调起跨腿动作（图 2-6）。可连续一步进行高抬腿跑或中速跑（3 步或 5 步至多步）进行起跨腿过栏侧练习。

练习负荷：单边 3 次×3 组。

练习作用：提高跨栏步起跨腿过栏动作的专门技能。

图 2-6　行进间起跨腿过栏侧练习

3. 完整过栏技术练习

（1）原地“剪绞”过栏。

练习要求： 面对栏架站立，起跨腿高重心支撑，摆动腿大腿平举在栏板上侧，小腿自然下垂。随腰、髋发力，大腿快速下压过栏，前脚掌支撑；同时起跨腿从栏后折叠提拉过栏至胸部正前方（图 2-7）。

练习作用： 体会摆动腿下压与起跨腿提拉的时机与用力顺序。

图 2-7　原地“剪绞”过栏

（2）一步栏上过栏。

练习要求： 起跨腿栏前高重心支撑，摆动腿折叠高抬攻摆过栏，大腿下压同时起跨腿经侧向前至正前方，两臂及躯干配合下肢动作（图 2-8），连续一步过 8~12 栏练习，栏间距 1~1.3 米。

练习作用： 体会摆动腿与起跨腿过栏时的正确的肌肉用力感觉。

图 2-8　一步栏上过栏

（3）高抬腿跑栏上过栏。

练习要求： 面对栏架 8 米处做高抬腿跑，在栏前 1~1.5 米处起跨，摆动腿折叠高抬攻摆下压同时，起跨腿经侧向前提拉至正前方，两臂及躯干配合下肢过栏动作（图 2-9）。可做栏间 3 步或 5 步至多步练习。

练习作用： 掌握下压与提拉的“剪绞”时机，强化起跨与下栏着地的高重心支撑动作。

图 2-9　高抬腿跑栏上过栏

（4）跑跨结合与栏间节奏转换。

练习要求： 站立式起跑 10~12 步，栏间 5 步，用单腿完成过 5~8 栏练习，强度 90%~110%。起跑至第一栏 22 米，栏间距离为男子 12.5~14.5 米、女子 11.5~13.5 米。或站立式起跑 10~12 步，栏间 6 步，双腿交替完成过 5~8 栏练习，强度 90%~110%。起跑至第一栏 22 米，栏间距离为男子 14.5~16.5 米、女子 13.5~15.5 米。在弯道或直道上进行练习均可，每次课 6~8 次为宜。通常冬季训练采用较多。

练习作用： 提高过栏动作速度，培养运动员跑跨结合的能力。

（二）全程及栏间节奏教学训练步骤

1. 起跑至第一栏练习

对于400米跨栏跑运动员来说，在起跑至第一栏45米的二十几步中，每次都能准确地踏上步点过栏，其节奏的稳定性是非常重要的。为便于理解与掌握，青少年运动员起跑至第一栏的教学与训练一般采用三段式的指导方式。第一段为起跑与加速跑的过程。这一段运动员都比较容易掌握，要求与400米起跑及加速过程相同。第二段是加速到15~20米处至35米的这段距离。这一段对于能否准确地过栏至关重要，且难以掌握。要求步幅开阔，技术动作放松而有弹性，有较强的节奏感，并能保持良好的身体平衡与稳定（实际就是400米跨栏跑的应有节奏）。第三段为跑到35米处至第一栏。这一段要养成准确目测栏距的习惯，加快频率积极攻栏，为过栏后获得较好的速度水平奠定基础。上述三段节奏逐级训练，相互衔接，重复进行，直至熟练，形成稳定的起跑过一栏的技术节奏。

辅助训练手段：起跑至第一栏约22米（直道或弯道上均可，也可根据个体情况适当调节距离），采用10~12步跨栏的练习，逐步养成起动加速、调整节奏、积极攻栏的习惯。一般多用于冬季训练，特别是青少年运动员的训练。

2. 半程栏练习及其他

400米跨栏跑半程栏的训练在青少年400米跨栏跑运动员的初始训练阶段较为常用，而青年及成年运动员更多地采用8~9栏的训练，16~17岁运动员8~9栏的训练应该根据其能力酌情安排。作为专项技术的主要训练手段，半程栏的主要训练任务是培养运动员良好的技术节奏，而并非专项能力。练习时要求运动员在前5栏的4个栏间跑中要有速度感与良好的节奏感。练习方法如下。

（1）缩短栏间跑距离过5~9栏。

练习要求： 站立式起跑，栏间步数为8~11步，速度为比赛时的90%~110%，按照正常栏间跑的步长跑进，过5~9栏，保持肌肉用力的一致性。

练习作用： 采用减少栏间步数、缩短栏间跑距离的方法，提高栏间节奏的控制能力。

表 2-2 是根据不同栏间跑步数模式对应缩短的栏间跑距离的一览表，可供训练栏间跑节奏时参考。

表 2-2 根据不同栏间跑步数模式对应缩短的栏间跑距离的一览表

内容	指标参数					
栏间步数（步）	a	17	16	15	14	13
起跨点距离（厘米）	b	185	190	195	200	205
下栏着地点距离（厘米）	c	132	138	145	152	160
跨栏步距离（厘米）	$d=b+c$	317	328	340	352	365
栏间跑距离（厘米）	$e=3500-d$	3183	3172	3160	3148	3135
栏间平均步长（厘米）	$f=e/a$	187	198	211	225	241
栏间跑的步数（步）	g	9/10/11				
两栏间距离（厘米）	$h=g\times f+d$	2000	2110	2239	2377	2534
		2187	2308	2450	2602	2775
		2374	2506	2790	2827	3016

表 2-2 的意义在于，按照近似比赛节奏过 10 栏或 5~9 栏练习，虽然减少了栏间跑的步数，但缩短的栏间跑的距离是按照全程跑的栏间步长节奏确定的，这对尽早建立正确的节奏、强化专项力量、较容易地完成相对较大的运动量等都是有益处的。

（2）降低栏架高度过 5~9 栏练习。

练习要求： 女子栏架高度为 61~76 厘米，男子栏高为 76~91.4 厘米。采用标准栏间距离，速度为比赛时的 90%~110%，站立式起跑过 5~9 栏练习。

练习作用： 提高过栏速度，强化栏间跑节奏。

（3）递减栏距过 5~9 栏练习。

练习要求： 站立式起跑，第三栏后每个栏间依次递减栏距（30~50 厘米），过 6~8 栏。

练习作用： 提高和保持栏间速度，培养栏间速度感及节奏感。

（4）控制间歇时间过栏练习。

练习要求： 起跑过 5 栏后间歇 2~3 分钟，用后半程的节奏起跑过 6~10 栏

（再次起跑距第六栏为 15 米左右）。可采用标准栏间距离、降低栏架高度的方法完成该练习，也可采用降低后 6~10 栏栏架高度的方法完成该练习。

练习作用： 强化后程栏的栏间节奏，发展速度耐力水平，提高专项能力。

＊采用上述练习时应注意以下问题。

第一，在半程栏的练习中，起跑至第一栏既要获得较为理想的水平速度，又要与跨栏技术相适应。

第二，起跑至第一栏的速度水平要与全程能力相匹配。

第三，第一栏的节奏（步数）与第二栏的节奏有直接关系，因此，起跑1~3栏的训练，对刚接触弯道栏训练的运动员来讲非常重要。

第四，根据水平与任务需要，上述练习可组合进行，每堂课 2~4 次，15 岁以下运动员应尽量减少，甚至可以不进行 8~9 栏的训练。

第五，对于 400 米跨栏跑运动员来讲，无论水平高低，从第四栏至第九栏都会遇到两个问题。其一，体力的下降，节奏掌握困难；其二，跨栏与栏间节奏的转换。因此，此段的训练是 400 米跨栏跑运动员专项训练的重要环节。它训练的目的在于提高节奏水平，掌握好体力分配，使栏间节奏转换准确、跑与跨的结合流畅，从而提高专项能力。

3. 全程栏练习

一般情况下在全程栏的练习中放置 10 个栏架。全程跨栏训练的目的是提高专项能力。练习的过程中可通过两个方面来达到此目的。其一，通过反复练习提高运动员肌肉中的能源贮备；其二，在练习过程中逐步掌握全程节奏，从能量消耗的合理分配角度去达到提高专项能力的目的。全程节奏的掌握是一个长期的过程，也是一名优秀运动员不断追求的目标。全程栏的训练一般都要求在高强度下进行。因此，每次课安排的数量不宜过多，以 1~2 次为宜，否则难以保证训练质量。

400 米跨栏跑运动员的全程训练相对较少，高水平运动员比一般水平及青少年运动员稍多一些。为实战需要，大赛前专项准备阶段可以感受一下全程的节奏。一般每次课 1~2 次为宜。

四、400 米跨栏跑教学训练过程中应注意的问题

400 米跨栏跑跨栏基本技术在教学训练过程中容易出现的问题可参照直道跨

栏跑的基本技术教学训练过程中所提及的情况。但由于男女 400 米跨栏跑的栏架高度低于男女直道跨栏跑，所以当初学者经过一段时间的跨栏模仿练习和分解练习后，便可进行跨栏基本技术的练习。

一般情况下，跨栏基本技术练习在栏间节奏不快、速度较低的情况下进行。这样做的目的是使学习者能把精力集中在如何正确跨越栏架上，而不用考虑栏间跑的因素。通常采用的方法是栏间 5 步或缩短栏距的 3 步。青少年运动员还可采用降低栏架高度来进行练习。

在进行跨栏基本技术练习时应注意以下几点：

（1）练习时对动作的要求与模仿练习和分解练习保持一致。要注意肢体间的相互配合，它包括腿与腿之间的协调和手臂与腿之间的协调。

（2）为了使初学者能消除对栏架的恐惧心理，可采用一些特殊的栏架进行练习。如简易栏架、曲型塑料管栏架或使用弹力带代替栏板，从而使初学者即便碰到栏架也不至于造成伤害事故，还能消除恐惧心理，从而加快学习掌握跨栏基本技术的进度。

（3）踩准起跨点尤为重要。初学者最容易犯的错误是起跨点离栏太近。这样就会造成过栏动作向上、跨栏腿提拉膝盖向上等错误动作。为了帮助学习者踩准起跨点，可在栏前起跨点附近放上标志物，以提示他们，从而避免错误动作的形成。

（4）因起跨不充分而导致的栏上重心后坐，影响跑跨结合流畅性的情况也是青少年运动员经常出现的问题。如果学习者是由于对越过障碍物心理的影响而导致的上述情况，则应采取降低栏高、缩短栏距的方式进行适当调整。但需要注意的是即使降低栏高、缩短栏距，也应对起跨点有所要求。若经过栏高和起跨点的调整后情况仍未得到改善，则应观察受训者是否出现摆动腿打开过早。如果摆动腿打开，则可以提醒受训者用摆动腿的膝盖（而非脚）朝栏板的方向进行攻栏，尽可能做到“膝盖领先”，以达到调整起跨角度的目的。同时，进行徒手、原地的模仿练习以体会技术要领。同样，如果学习者在起跨后出现跨栏腿提拉过早，也会造成起跨不充分、髋关节蜷缩、重心下降不向前。这时，教练员应提醒学习者把更多的注意力放在体会摆动腿的技术要领上，淡化跨栏腿快速过栏的意识。

（5）尽量避免栏前减速停顿以确保全程节奏流畅。当青少年运动员出现起跨点不准确、过栏不流畅的情况时，应考虑其途中跑的速度是否过快。青少年运动员因跨栏技术不成熟，整体力量、协调、平衡能力较弱，如果途中跑速度过快则会出现栏前停顿、减速，栏上技术不稳定的情况。

（6）注意在跨越栏架时上肢动作的正确性及实用性。400 米跨栏跑在跨越栏架时的上肢动作与直道跨栏跑相比应更为简洁快速，以确保较好的过栏速度并节省体力。在跨越两个弯道上的栏架时，运动员应格外注意摆动腿异侧肩、手的向前性。同时，初学者在越过栏架时出现的“跳栏”现象也可以通过对压低肩手的提示进行改善。

（7）良好的柔韧性和灵活性能帮助初学者更快地掌握跨栏的基本技术。建议青少年运动员在每天训练前进行 20 分钟以上的柔韧练习。

五、400 米跨栏跑基础体能的训练方法与手段

（一）速度训练

平跑速度水平的高低直接影响着专项水平的好坏。平跑速度训练是 400 米跨栏跑项目很重要的一项训练内容。在练习过程中许多手段与短跑项目类似，但要结合跨栏项目的特点。例如，在训练过程中技术上要求重心相对较高、节奏比较平稳、动作舒展有弹性，在练习的段落上以短距离为主等。青少年运动员应在掌握正确的平跑技术和肌肉的协调用力及放松能力上下功夫。

1. 最大速度训练

（1）行进间计时跑 30~60 米，3~4 次×2~3 组；

（2）行进间下坡跑或牵引跑 30~60 米，3~4 次×2~3 组；

（3）短距离接力跑 2 人×50 米或 4 人×50 米，3~4 次×2~3 组；

（4）下坡跑（坡度不超过 5°）30~60 米，3~5 次×2~3 组。

练习要求： 用最高速度完成，距离以 30~60 米为宜。一般情况下，一次课的次数不宜过多，总量最好不要超过 600 米，否则很难达到最高强度的要求。间歇时间应以运动员的工作能力完全恢复、兴奋性没有明显下降为原则，适宜时间为 3~5 分钟。在青少年运动员开始训练时，建议更多地结合动作速度的发展进行速度训练。练习过程中要强调正确的蹬伸髋、踝，以及折叠摆腿、摆臂技术，同时更要强调快速节奏。

练习作用： 提高中枢神经系统兴奋与抑制的转换能力，发展最大速度。

2. 动作速率训练

动作速率主要依靠极限或接近极限速度的练习来提高，为了使所采用的方法取得较好的效果，在训练中应根据练习的特点提出相应的要求。练习应简单易做，以使运动员能把注意力完全集中到完成练习的速度上。练习的持续时间、重复练习之间的休息时间和练习的总量，可根据运动员在练习时其练习强度是否有明显的下降进行制定。速率练习必须在相应的准备活动之后，且运动员体力较充沛时进行，以确保练习的质量，避免伤病。做跨栏练习时，要求快速起跨和加速两腿“剪绞”下栏动作，提高过栏速度，注意过栏时不是靠栏前加速跑的速度冲力过栏。在完成上述练习时，要加快动作速率，保持一定的动作幅度，注意动作放松协调。此外，在发展动作速率的同时，还应发展与之相关性较大的快速力量、灵敏素质和协调能力。

（1）跑格子。

练习要求： 将 15~25 块海绵砖放置于跑道上，两海绵砖之间的距离可任意调节，但要小于正常的步长。要求运动员在练习时应保持高重心、高抬腿，节奏应当逐步加快至最快且保持一段时间。在练习的过程中应注意上、下肢的协调配合；脚在接触地面时应迅速离地，争取做到沾地就走（图 2-10）。此练习对初学者和青少年运动员而言较为适宜，建议多采用。

练习负荷： 3 组。

练习作用： 提高运动员两腿快速交换的能力。

图 2-10　跑格子

（2）软梯小步跑。

练习要求： 面向软梯站立。练习时上体稍前倾，摆动腿大腿积极下压带动放松的小腿向下扒地，前脚掌支撑，着地前髋、膝、踝关节充分蹬伸，一步一梯，两臂自然前后摆动协调下肢动作（图 2-11）。也可采用变换节奏的小步跑练习，练习距离 20~40 米。

练习负荷： 12 格×3 组。

练习作用： 改进着地技术，发展动作速度和协调能力。

图 2-11　软梯小步跑

（3）高抬腿跑。

练习要求： 准备姿势同小步跑。摆动腿折叠高抬至膝同髋高后快速下压，小腿放松，着地前充分伸展髋、膝、踝关节，前脚掌支撑（图 2-12）。上体正直或稍前倾，两臂自然前后摆动协调下肢动作。练习距离 20~40 米。

练习负荷： 30 次×2 组。

练习作用： 改进摆腿技术，发展动作速度和协调能力。

图 2-12　高抬腿跑

（4）快速前踢腿跑。

练习要求：准备姿势同小步跑。摆动腿直腿快速下压，小腿顺惯性向前摆出，前脚掌向下扒地，高重心支撑（图 2-13）。上体正直或稍前倾，两臂自然前后摆动协调下肢动作。练习距离 20～30 米。

练习负荷：单侧腿 15 次×2 组。

练习作用：改进摆腿技术，发展动作速度和协调能力。

图 2-13　快速前踢腿跑

（5）车轮跑。

练习要求：准备姿势同小步跑。后蹬腿离地后，小腿放松，随大腿向前摆动快速屈膝折叠向大腿靠拢，脚尖微勾（图 2-14）。两臂自然前后摆动协调下肢动作。练习距离 20～40 米。

练习负荷：30 次×2 组。

练习作用：改进折叠摆腿技术，发展动作速度和协调能力。

图 2-14　车轮跑

（6）快速后蹬跑。

图 2-15　快速后蹬跑

练习要求： 髋、膝、踝快速蹬伸，髋、踝蹬伸要充分；摆动腿折叠前摆，前脚掌着地并快速蹬离；两臂前后摆动协调下肢动作（图 2-15）。练习距离20~40 米。

练习负荷： 单侧 30 次×2 组。

练习作用： 发展动作速度和快速力量。

（7）跑的专门组合练习。

跑的专门组合练习有小步跑转高抬腿跑转加速跑、折叠腿跑转高抬腿跑转加速跑、高抬腿跑转车轮跑转加速跑等。练习距离 40~60 米。

练习要求： 跑的专门性练习能帮助青少年运动员掌握正确的平跑技术。但在练习中，如果没有要求或要求不严将失去它原有的意义，可能还会产生负面影响，在这个问题上教练员应该引起足够的重视。通常情况下，对专门性练习的要求可从三个方面来考虑：第一个方面，完成练习时肌肉是否放松协调，上、下肢是否能达到协调配合。第二个方面，完成练习时是否有快速节奏，是否符合技术特征。第三个方面，教练员应在练习时注意观察，发现问题及时提出，引导运动员逐步形成正确、合理的平跑技术。

练习作用： 改进跑的技术，发展动作速度及协调能力。

（8）摆动腿快速攻摆模仿练习。

练习要求： 斜撑站立，起跨腿高重心支撑，手扶肋木、双杠、篮球架等支撑物。摆动腿屈膝快速向前上方高摆至脚高于栏板位置时，大腿积极下压，小腿迅速向前摆出（图 2-16）。快速重复完成该动作 10~15 次。

练习作用： 提高摆动腿攻摆动作速度及快速力量。

图 2-16　摆动腿快速攻摆模仿练习

（9）起跨腿快速提拉模仿练习。

练习要求： 斜撑站立，摆动腿高重心支撑，起跨腿后伸，双手扶肋木、墙、双杠、篮球架等支撑物，手肩同高。练习时，起跨腿体后屈膝迅速折叠外展，经体侧向前提拉至正前方，大腿与地面平行时立即下压（图 2-17）。快速重复完成该动作 10~15 次。

练习作用： 提高起跨腿过栏动作速度及快速力量。

图 2-17　起跨腿快速提拉模仿练习

3. 速度节奏训练

速度节奏是 400 米跨栏跑运动员必须具备的专项能力。35 米的栏间距离，既要保持要求的速度，又要准确地过栏，单靠专项跨栏来训练是远远不够的，必须进行专门的训练，才能够培养出运动员良好的速度节奏。

通常要求运动员在练习过程中保持良好的技术，并且跑出的时间与步数都应按照课的要求进行。

（1）间歇跑 100 米×10 次。

练习要求： 16～17 岁组男运动员用 12 秒、46 步完成，次间歇时间 2 分钟。不同水平的运动员，其间歇时间、步数、强度都有所不同，教练员可根据运动员水平自行设定。

练习作用： 发展跨栏专项速度节奏。

（2）短距离变速跑 100～150 米（30 米快跑+20 米惯性跑+30 米快跑+20 米惯性跑），3 次×2～3 组；次间歇时间 1.5 分钟，组间歇时间 5 分钟。

练习要求： 快跑段在保持一定步幅的前提下，加快动作速率；惯性跑段要保持位移速度，注意动作放松协调。

练习作用： 培养运动员的速度节奏感。

（二）力量训练

力量素质对于提高专项成绩至关重要，专项力量训练又是当代力量训练的核心。肌肉的专项用力特点是发展专项力量的依据。通常采用专项和非专项训练两种形式来发展专项力量。400 米跨栏跑与短跑项目肌肉工作特征比较相似，是以下肢肌肉的屈、伸工作为主，比较重要的力量素质是快速力量，故训练可采用一些与短跑相同的训练手段，专项力量训练主要是围绕腰、髋部的肌肉进行。训练时，无论是重量的选择还是完成动作的要求，都要把重点放在提高肌肉的快速收缩能力上。

1. 快速力量与爆发力训练

· 负重练习

400 米跨栏跑运动员在进行杠铃训练时，主要是通过运动神经对肌肉支配能力的改善提高最大力量水平，重点发展快速力量。在负荷强度上，多采用本人最大负重的 40%～80%；在负荷量上，一般每组重复 5～10 次，完成 3～6 组，组间间歇 2～3 分钟。两组中间应穿插一些其他快速速率练习。练习中如果动作速度明显下降，则应停止练习。每次课可安排 3～5 个手段，覆盖上下肢，每一练习手段 5～6 组。根据训练时期的不同，完成的重量可有所变化。

（1）提铃至胸或高翻。

练习要求：提铃时挺胸塌腰，收紧腰部肌肉，杠铃贴近身体，然后爆发式起身站直，双臂伸直，向后上方收肩，前上方送髋，爆发式蹬伸至双腿完全伸直，向上提拉杠铃（至胸部，提铃至胸动作完成）翻至胸部或颈部，杠铃下放时要低于膝关节（图 2-18）。重点强调挺髋—蹬腿—提踵的爆发式用力过程。

练习负荷：4 次×3 组（负重因人而异，不宜过重）。

练习作用：发展下肢、腰部及上肢快速力量。

图 2-18　提铃至胸或高翻

（2）抓举。

练习要求：小腿靠近或贴住横杠，臀部低于肩而高于膝，向脚尖方向屈膝；发力时蹬腿、伸髋、耸肩、提肘、提踵，带动杠铃向上提起，两臂在头后侧上方伸直支撑杠铃，两肩锁紧，腰背挺直，抬头挺胸（图 2-19）。抓举后可做快速摆臂练习。

练习负荷：4 次×3 组（负重因人而异，不宜过重）。

练习作用：改善运动神经对肌肉的支配能力，发展爆发力量。

图 2-19　抓举

（3）快速挺举。

练习要求：杠铃提铃至胸后，两腿弯曲预蹲，随后迅速伸膝、伸髋、伸臂、屈踝将杠铃从胸上挺起，两腿蹬直后迅速做弓箭步式分腿半蹲支撑，连续快速做胸上挺动作。挺举后可做快速摆臂练习。

练习作用：改善运动神经对肌肉的支配能力，发展快速力量。

（4）深蹲。

练习要求：两脚开立同肩宽，收腹挺胸，后背挺直，向下至大腿与地面平行，膝盖不要超过脚尖，向上至膝关节微屈。慢下快起，蹲起节奏是 3 秒下蹲，1 秒快起。深蹲后即刻做原地快速高抬腿跑或短距离加速跑和跨步跑等。

练习作用：发展下肢臀大肌等腿部肌肉的爆发力量。

（5）半蹲。

练习要求：同深蹲，只是下蹲时膝关节角度为 100°~130°。半蹲后即刻做原地快速高抬腿跑或短距离加速跑和跨步跳等。

练习作用：发展腿部肌肉的爆发力量。

（6）提踵。

练习要求：两脚的前脚掌站立在垫木上，双手持杠铃于肩上，收腹、紧腰、挺胸，身体直立，膝关节伸直。练习时尽可能高地向上提起脚跟，稍停 3~4 秒，缓慢还原，重复练习。也可站在特制的站立提踵架上进行练习。提踵后即刻做原地纵跳等练习。

练习作用：发展小腿后群肌和足底肌群力量。

（7）负重体前屈。

练习要求：双脚略宽于肩站立，背部挺直，上半身缓慢前倾，直到身体基本与地面平行，在整个过程中头部要保持抬起（图 2-20）。然后再回到起始位置。练习节奏为慢下快起。

练习负荷：4 次×4 组（负重因人而异，不宜过重）。

练习作用：发展跨栏跑运动员下背部肌肉力量和股二头肌、臀大肌力量。

图 2-20　负重体前屈

（8）负重弓箭步（大跨步）走。

练习要求： 肩负杠铃或沙背心，支撑腿微屈髋膝、支撑体重，待支撑腿蹬伸髋、膝关节的同时，摆动腿屈膝折叠向前摆动至小腿与地面垂直，远离支点，上体直立，双腿交替以弓步动作向前行走 20~30 步（图 2-21）。

练习负荷： 单腿 4 次×3 组。

练习作用： 改善运动神经对肌肉的支配能力，发展下肢肌肉力量。

图 2-21　负重弓箭步（大跨步）走

此外，还可根据 400 米跨栏跑专项需要选择：最大负重 40%左右快速半蹲起（膝关节角度为 120°~130°）；最大负重 30%左右半蹲跳；最大负重 40%左右快速坐蹲起；最大负重 60%左右单腿半蹲；最大负重 20%~30%原地弓箭步跳、弓箭步走、仰卧双腿蹬起杠铃；最大负重 40%~60%单腿上、下台阶等手段。练习间歇 2~3 分钟，主要目的是发展 400 米跨栏跑运动员的快速力量和有氧力量耐力水平。

对青少年运动员来说，杠铃练习时的重量选择要谨慎、留有余地，否则可能会对他的未来带来灾难性的后果。

（9）壶铃蹲跳或手持轻壶铃连续向前跳。

练习要求： 两臂伸直贴紧躯干固定好壶铃。向上跳或向前跳时，全脚掌积极着地并快速蹬离（图 2-22）。15~30 次/米，也可在软道上练习。

练习作用： 发展快速力量和爆发力量。

图 2-22　壶铃蹲跳

· 不负重练习

（1）级跳类练习。

练习要求： 立定 3~10 级跨步跳；立定 3~10 级单足跳；助跑 5~10 级跨步跳；助跑 5~10 级单足跳；连续 5~10 级蛙跳。摆动腿大小腿折叠，膝关节引领带动髋向前摆动，全脚掌快速积极扒地，躯干稍前倾，两臂协调下肢动作前后摆动。每次课选择 1~3 个练习，总负荷量 100~150 级（次）。

练习作用： 发展快速力量和爆发力素质。

（2）双足连续跳栏架。

练习要求： 连续双足起跳越过 8 ~ 10 栏，前脚掌着地，发力时机要早

(图 2-23)。栏距 0.8~1 米，栏高 0.76~1 米。连续双足跳。

练习作用： 发展下肢肌群快速力量。

图 2-23　双足连续跳栏架

2. 快速力量耐力训练

400 米跨栏跑的项目特征决定了必须把快速力量耐力作为专项力量来发展。尤其到了专项提高阶段以后，快速力量耐力作为专项能力的补充训练手段，对专项成绩的提高起到支撑作用。

轻重量（或中等重量）的器械进行快速度、多次数的重复练习。一般要求练习次数要达到甚至超过专项用力次数。例如，弹力带的各种练习应在单腿 100 次以上，每次课 4~6 组；手持轻杠铃片或小哑铃前后快速摆臂 100 次；20~30 公斤的快速挺举 20~30 次×3~4 组；负沙袋直腿前、后、侧绕栏架；脚系沙袋前、后、左、右摆腿等。无论哪种练习方式，都应该在保持动作快速节奏与动作速度的情况下完成。

（1）跳类练习。

练习要求： 跨步跳 50~200 米；快速后蹬跑 50~200 米（跑跳结合，计时计步）；单足跳（跑）30~50 米（计时计步）；垫步向上跳 100~200 米；单跨跳 50~100 米；弹性小跳 200~400 米。摆动腿折叠摆腿前送髋，摆至水平或接近水平位时，腰髋发力快速下压，积极缓冲，跳以全脚掌扒地，跑以前脚掌扒地支撑。重心过支点后，迅速蹬伸髋、膝、踝三关节。

练习作用： 发展快速力量、快速力量耐力及小腿、踝关节力量。

（2）单脚或双脚跳台阶。

练习要求： 前脚掌缓冲，踝关节与掌趾快速蹬伸。连续向上跳和连续向下跳相结合，双腿跳与单腿跳相结合。

练习作用： 发展小腿及足底肌群快速力量。

（3）原地单足或双足触胸跳。

练习要求： 原地向上跳起后，用单腿大腿或双腿大腿触及胸部，前脚掌积极着地缓冲，支撑时间越短越好（图 2–24）。两臂协调下肢动作。

练习作用： 发展下肢神经肌肉的支配能力。

图 2–24　原地单足或双足触胸跳

（4）沙坑内单足交换向上轻跳（计时或计数）。

练习要求： 基本同原地触胸单足跳，只是不要求高抬膝，左右腿交替练习。

练习作用： 发展小腿肌群和足底肌群快速力量耐力。

（5）弓箭步交换腿跳。

练习要求： 弓箭步姿势准备。练习开始时双腿同时蹬地，空中完成并腿“剪绞”动作，前腿用全脚掌着地，大腿与地面平行，小腿与地面垂直，膝关节不要超过脚尖，后腿尽量远离重心投影点，脚尖向前（图 2–25）。两臂协调下肢动作。

练习作用： 发展下肢速度力量耐力和协调能力。

图 2-25　弓箭步交换腿跳

（6）沙坑或软道上纵跳练习。

练习要求： 动作要点基本同沙坑内单足交换向上轻跳，但要求髋、膝伸直，踝关节缓冲蹬伸完成该练习。

练习作用： 发展踝关节屈伸肌群的快速力量耐力。

（7）身负沙衣或沙袋（5~10 千克）的各种轻跳（如跨步跳、单跨跳、迈步跳、垫步跳、并足跳）练习。

练习要求： 支撑腿髋带动膝、踝关节全脚掌积极扒地，摆动腿大幅度折叠前摆。练习距离 60~200 米，4~8 次。

练习作用： 发展专项力量耐力。

（8）循环练习。

练习要求： 将快速半蹲起、上台阶的左右跳、上台阶跳、立卧撑、触胸跳、快速摆臂、弓箭步交叉跳、快速高抬腿、跳绳等练习组合在一起进行循环练习。练习手段 4~8 个，两个练习之间无间歇或 5~10 秒间歇，组间歇 5 分钟左右。练习数量与内容的选择可根据运动员的能力确定。

练习作用： 发展快速力量耐力。

3. 专项力量训练

跨栏项目的专项力量一般指髋关节周围和腰部的肌肉力量。专项力量水平的高低对跨栏步的动作速度产生影响。专项力量的发展是一个长期的、有计划的过程，它应与基础力量同步发展才能取得最佳效果。在进行专项力量训练时可负重或增加阻力。完成动作的形式要符合专项的特点。

· 多功能力量练习器

根据 400 米跨栏跑专项特点，结合青少年运动员的专项力量需求，运用各种多功能力量练习器进行相关部位的肌肉力量训练，如坐姿脚勾重物屈小腿、坐姿直膝脚蹬重物伸小腿等。

练习作用：直接作用于需要强化的肌肉或肌群，发展该部位肌群的专项力量。

· 弹力带练习

与杠铃和多功能训练器相比，弹力带练习便捷灵活，最主要的是在运动形式上较前两者单轴运动更为丰富。可结合 400 米跨栏跑专项需求，选择立姿和卧姿的各种直腿或屈肘、屈膝的摆动练习。在立姿上、下肢练习中均可采用腰部同时负弹力带的方法，以强化腰部肌群的力量。可针对发展髂腰肌、股后肌、内收肌、梨状肌、臀大肌、臀中肌等肌肉的快速力量和快速力量耐力设计各种练习手段。练习负荷为 15~40 次，4~6 组。也可采用拉弹力带加速跑 60 米+徒手加速跑 50 米的方法。青少年运动员应当在保证完成质量的前提下，选用能够承受的重量与次数。

练习作用：改善运动神经对相关刺激肌群的募集能力，发展相关肌群快速力量和快速力量耐力素质。

（1）负弹力带大腿外展练习。

练习要求：弹力带一端系于摆动腿踝关节上，另一端固定在支撑腿一侧 2~3 米处，上体直立，提踵支撑。练习时摆动腿由内收位开始，直腿做快速外展摆动练习（图 2-26）。

练习作用：发展大腿外展肌群力量。

图 2-26　负弹力带大腿外展练习

（2）负弹力带大腿内收练习。

练习要求： 弹力带一端系于摆动腿踝关节上，另一端固定在摆动腿一侧 2~3 米处，上体直立，提踵支撑。练习时摆动腿由外展位开始，直腿做快速内收摆动练习（图 2-27）。

练习作用： 发展大腿内收肌群力量。

图 2-27　负弹力带大腿内收练习

（3）起跨腿系弹力带提拉。

练习要求： 单腿、双手支撑，动作的形式和要求与起跨腿提拉模仿练习相同（图 2-28）。弹力带系于踝关节和腰部，完成动作时提拉要快速、动作要准确。

练习作用： 加强与起跨腿提拉相关部位的肌肉力量，从而加快起跨腿的提拉速度。

图 2-28　起跨腿系弹力带提拉

（4）单膝支撑起跨腿提拉练习。

练习要求： 双手扶住双杠两腿，单膝跪地，徒手或负重做起跨腿提拉练习（图 2-29）。要求身体略前倾，起跨腿先伸展，后提拉。完成动作时大小腿逐步折叠到胸前。此练习在完成的过程中要慢。

练习作用： 增强髋关节周围的力量和中枢神经控制肢体运动的能力。

图 2-29　单膝支撑起跨腿提拉练习

（5）摆动腿折叠摆动练习。

练习要求： 弹力带一端系于摆动腿膝关节上，另一端固定在支撑腿脚上，上体直立。练习时摆动腿腰髋部快速发力，屈膝向上摆动，支撑腿提踵支撑，两臂协调摆腿动作（图 2-30）。

图 2-30　摆动腿折叠摆动练习

练习作用： 发展屈大腿肌群力量。

（6）摆动腿攻摆练习。

练习要求： 弹力带一端系于摆动腿脚掌上，另一端固定在支撑腿脚上，上体直立。练习时摆动腿腰髋部发力，屈膝高抬前伸小腿，支撑腿提踵支撑，两臂协调摆腿动作（图 2-31）。

练习作用： 发展屈大腿、伸小腿肌群力量。

（7）单腿支撑直膝外展。

练习要求： 弹力带固定在左侧与踝同高，一端绑右脚；呼气外展，吸气恢复；10～15 次为一组，重复 2～3 组(图 2-32)。

练习作用： 发展下肢外展肌群力量。

（8）单腿支撑折叠外展。

练习要求： 将弹力带一端固定在支撑脚上，另一端固定在膝关节处，做起跨腿外展练习（图 2-33）。10～15 次为一组，重复 2～3 组。

练习作用： 发展髋部及大腿外展肌群力量。

图 2-31　摆动腿攻摆练习

图 2-32　单腿支撑直膝外展

图 2-33　单腿支撑折叠外展

（9）单腿跪撑折叠外展。

练习要求： 将弹力带一端固定在跪撑的膝关节处，另一端固定在外展腿膝关节处，做起跨腿外展练习（图 2-34）。10～15 次为一组，重复 2～3 组。

练习作用： 发展髋部及大腿外展肌群力量。

图 2-34　单腿跪撑折叠外展

· 负沙袋、实心球或徒手练习

（1）摆动腿负沙袋原地攻摆练习。

练习要求： 同原地摆动腿攻摆练习（图 2-35）。

练习作用： 发展摆动腿攻摆动作的专门力量。

（2）摆动腿高抬攻摆辅助练习。

练习要求： 起跨腿高重心支撑，摆动腿折叠高抬经栏上前摆送髋（图 2-36）。往返重复练习 15~25 次，重复 2~4 组。

练习作用： 发展摆动腿屈大腿肌群力量。

图 2-35　摆动腿负沙袋原地攻摆练习

图 2-36　摆动腿高抬攻摆辅助练习

（3）体侧绕栏练习。

练习要求： 单腿、单手支撑，栏架与肋木平行，徒手或练习腿负重，腿从前至后再从后至前反复进行（图 2-37）。栏架高度可根据练习者的水平选择，青少年一般在 0.84~1 米。在完成动作的过程中绕栏腿要尽量伸直，身体不能前后晃动，动作不宜过快。重复 15~25 次，2~4 组。

练习作用： 发展髋关节周围肌群力量。

图 2-37　体侧绕栏练习

（4）体前（后）直膝左右绕栏。

练习要求： 双手、单脚支撑，面（背）对栏架站立，徒手或练习腿负重。一条腿直膝前（后）伸从栏架一端经栏架上方绕至栏架另一端（图 2-38）。重复 15~25 次，2~4 组。栏架高度 0.84~1 米。

练习作用： 提高髋关节的灵活性和专项力量。

图 2-38　体前（后）直膝左右绕栏

（5）摆动腿负重高抬、下压。

练习要求： 摆动腿负沙袋做摆动腿攻栏模仿练习。

练习作用： 提高摆动腿高抬、下压相关部位的肌肉力量。

（6）前后抛实心球。

练习要求： 上体直立犹如靠在椅背上，膝关节角度为 100°~120°，大肌群带动小肌群爆发式用力，用最快的速度将球抛出。重复 15~30 次。

练习作用： 发展爆发力量，提高上下肢肌肉协调用力的能力。

（7）仰卧起坐抛接实心球。

练习要求： 仰卧平躺于垫上，屈膝 90°，双手持实心球举过头顶；快速做仰卧起坐的同时，将球用力向正前方抛出（图 2-39）。同伴接到球后，将球抛回给练习者（也可向身体左侧或右侧抛球）。反复练习 20~40 次。

练习作用： 发展腰腹力量和专项爆发力。

图 2-39　仰卧起坐抛接实心球

（8）俯卧背起传接实心球。

练习要求：练习者俯卧于垫上，双手将持于面前的实心球用力向上传给同伴手中，返回起始姿势后，再做背起动作从同伴手中拿回实心球（图 2-40）。反复练习 20~40 次。

练习作用：发展背部肌群力量。

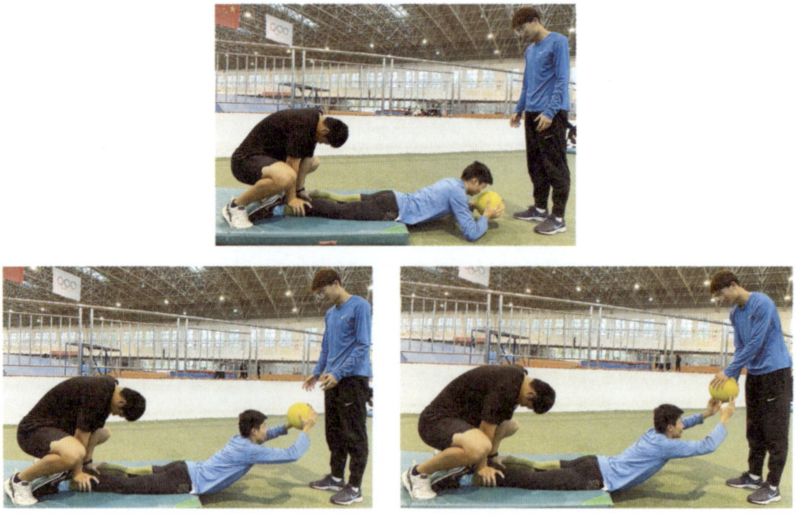

图 2-40　俯卧背起传接实心球

（9）悬垂举腿。

练习要求： 宽握距悬垂在肋木或单杠上，脚尖指向地面。双腿伸直，收缩腹肌，向上抬起双腿，直到大腿与地面平行，与上身成 90°，保持 2~4 秒，然后回到初始位置（图 2−41）。练习时避免摇晃。

练习作用： 发展腹直肌及屈大腿肌群力量。

图 2−41　悬垂举腿

（10）蹲撑单腿交换跳。

练习要求： 一腿屈膝蹲姿，另一腿直膝前伸勾脚尖（图 2−42）。练习时，两腿交换跳成另一腿动作。重复 15~25 次，2~4 组。

练习作用： 发展支撑腿踝关节力量和摆动腿屈大腿肌群力量。

图 2−42　蹲撑单腿交换跳

（11）股二头肌抗阻练习。

练习要求： 练习者俯卧屈膝，对抗同伴的阻力快速完成屈小腿动作（图 2-43）。重复 10~20 次，2~4 组。

练习作用： 发展大腿后群肌肉力量。

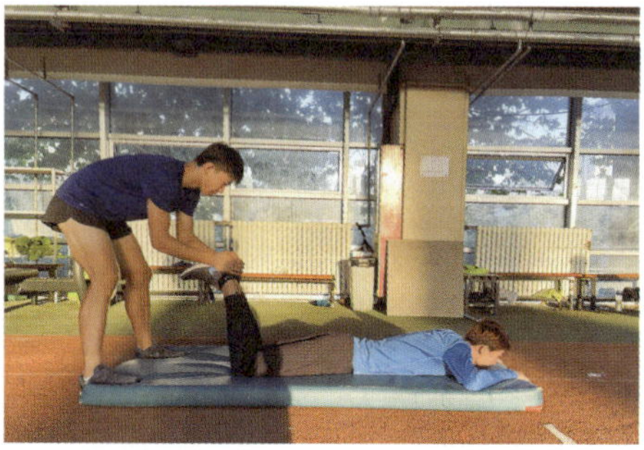

图 2-43　股二头肌抗阻练习

（12）屈髋肌群抗阻练习。

练习要求： 练习者仰卧抬腿，对抗同伴的阻力快速完成屈大腿动作（图 2-44）。重复 10~20 次，2~4 组。

练习作用： 发展屈髋伸膝肌群力量。

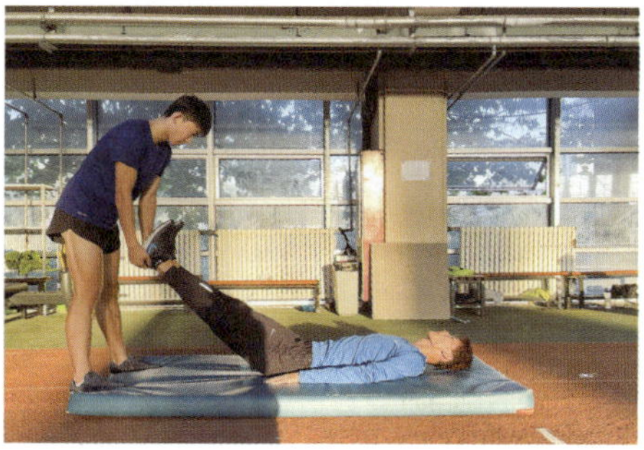

图 2-44　屈髋肌群抗阻练习

4. 功能性体能训练（辅助专项力量训练）

针对核心区运用功能性体能练习器材进行相关部位肌群的力量训练，提高 400 米跨栏跑运动员的专项体能水平。

· 八级腹桥练习

练习要求： 准备姿势为俯撑，颈、肩胛、腰、臀部在一条线上。①双肘双脚支撑 60 秒；②举起右手，左肘、双脚支撑 15 秒；③举起左手，右肘、双脚支撑 15 秒；④右腿抬起不超过头的高度，双肘、左脚支撑 15 秒；⑤左腿抬起不超过头的高度，双肘、右脚支撑 15 秒；⑥右臂前伸、左腿抬起后伸不超过头的高度，左肘、右脚支撑 15 秒；⑦左臂前伸、右腿抬起后伸不超过头的高度，右肘、左脚支撑 15 秒；⑧回到双肘、双脚支撑 30 秒（图 2-45）。全套动作 3 分钟。

练习作用： 发展核心区肌群力量。

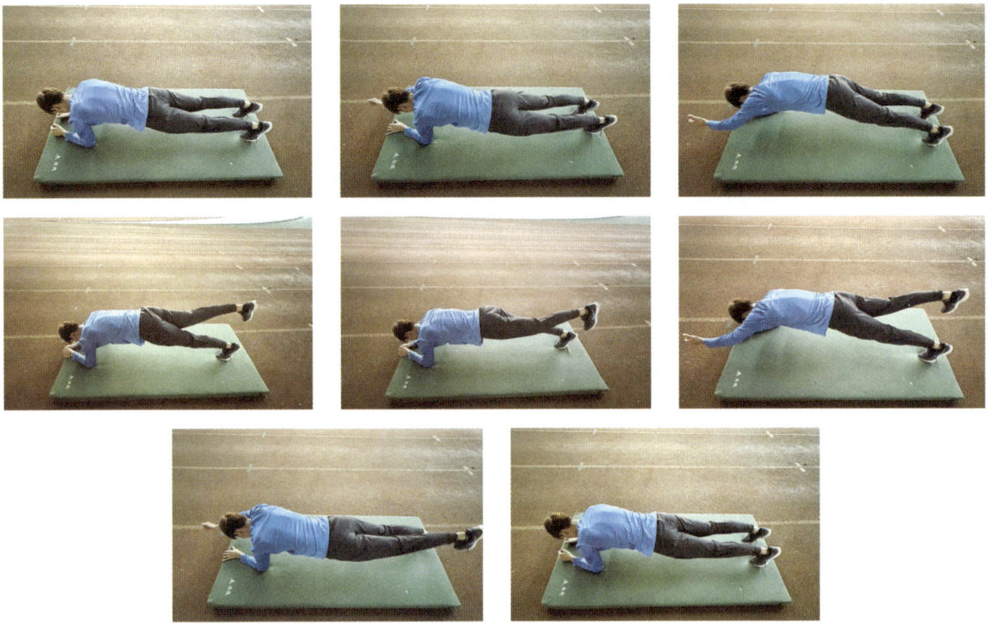

图 2-45　八级腹桥练习

· 瑞士球（平衡球）练习

（1）俯卧支撑。

图 2-46　俯卧支撑

练习要求： 俯撑，两脚掌置于瑞士球上，身体与地面平行（图 2-46）。控制身体姿态，保持均匀呼吸。也可采用单手支撑增加动作难度。

练习作用： 发展核心区深层肌群力量。

（2）俯撑外展。

练习要求： 双脚置于瑞士球上，两手撑地，身体与地面平行。练习时，摆动腿脚掌置于瑞士球上，起跨腿折叠外展与地面平行，保持 3～5 秒后还原成准备姿势。反复练习 10～15 次，3～6 组（图 2-47）。

练习作用： 发展髋部外展肌群及核心区深层肌群力量。

图 2-47　俯撑外展

（3）侧卧高抬。

练习要求： 侧卧在垫子上，双脚间夹住瑞士球。收紧腹部肌肉，脊椎伸直，慢慢地从地面抬起双脚。坚持几秒钟，然后脚轻轻地落回地面（图 2-48）。每组 10~20 次，3~6 组。

图 2-48　侧卧高抬

练习作用： 发展大腿内收肌、外展肌及腰方肌力量，提高核心稳定性。

（4）腘绳肌肌力练习。

练习要求： 仰卧在垫子上，两臂位于体侧，脚置于瑞士球上。屈髋屈膝，腹部肌肉收紧。通过收缩腘绳肌慢慢地将球移向臀部，控制着脚以使髋、膝、踝始终保持在同一平面上移动（图 2-49）。保持几秒钟后回到起始位置。练习时整个背部不能离开垫子。每组 15~25 次，3~6 组。

练习作用： 发展腘绳肌力量。

图 2-49　腘绳肌肌力练习

（5）支撑抬腿。

练习要求： 两手撑地，双脚置于瑞士球上，身体与地面平行。练习时，一侧脚置于球上不动，另一侧一腿屈膝高抬至胸，保持 3～5 秒后还原成准备姿势（图 2-50）。每组 15～25 次，3～6 组。

练习作用： 发展屈髋肌群力量。

图 2-50　支撑抬腿

（6）仰卧挺髋。

练习要求： 仰卧在垫子上，双脚置于瑞士球正上方，两臂伸直，手掌贴地。腹部肌肉收紧。通过收缩腘绳肌慢慢地将球移向臀部，同时挺髋，接着再移回起始位置（图 2-51）。每组 15～25 次，3～6 组。

练习作用： 发展髋部深层、大腿后群及腘绳肌力量。

图 2-51　仰卧挺髋

· 悬吊练习

（1）支撑开合腿。

练习要求： 俯撑，双脚挂在把手处，两臂屈肘，前臂支撑，像做平板支撑一样，但躯干和腿部悬空（图 2–52）。收紧腹部、腿部、臀部，控制身体与地面保持平行 30~60 秒。之后腿部做开合练习 8~10 次，2~3 组。

练习作用： 发展髋部外展肌群及核心区力量，提高相关部位肌肉的内协调能力。

图 2–52　支撑开合腿

（2）俯身提膝。

练习要求： 俯撑，双脚挂在把手处，肩、背、臀、腿成一条直线。腰腹发力，并拢双脚，提膝往身体一侧团身，尽最大能力让膝关节贴近胸部（图 2–53）。向两侧交替练习。重复动作 10~15 次，2~3 组。

练习作用： 改善神经对核心区域肌肉的支配能力，提高核心区深层肌群间的协调能力。

图 2-53　俯身提膝

（3）悬挂箭步蹲。

练习要求： 右脚穿过把手固定住且全程离地，左腿往前迈出一大步成箭步蹲，收紧核心部位控制平衡。摆臂发力，稳定地让左腿站起来，同时右腿往前抬起，尽量抬高膝盖，双腿交替练习（图 2-54）。单腿重复 8～12 次，2～3 组。

练习作用： 提高下肢及躯干肌群的内协调能力和下肢关节及核心区的稳定性。

图 2-54　悬挂箭步蹲

（4）悬挂交换提膝。

练习要求： 双手支撑在垫子或俯卧撑架上，双脚挂在把手处，肩、背、臀、腿成一条直线。练习时一条腿腰腹发力提膝，尽最大能力让膝关节贴近胸部（图 2–55）。两腿交替练习。单腿重复 10~15 次，2~3 组。

练习作用： 提高核心区深层肌群间的协调能力。

图 2–55　悬挂交换提膝

（5）悬挂外展腿。

练习要求： 准备姿势同上。练习时一条腿提膝外展，另一条腿保持原姿势不变（图 2–56）。两腿交替练习。单腿重复 8~12 次，2~3 组。

练习作用： 提高核心区深层肌群间的协调能力和髋部外展肌群力量。

图 2–56　悬挂外展腿

· 平衡垫练习

（1）平衡垫单支撑外展抬腿。

练习要求： 一条腿站立于平衡垫或软垫上，另一条腿屈膝折叠由垂直位上抬外展至大腿与地面平行，两臂维持身体稳定(图2–57)。单腿重复10~15次，2~3组。

练习作用： 提高起跨腿深层肌群的募集能力及核心稳定性。

图2–57　平衡垫单支撑外展抬腿

（2）平衡垫单腿下蹲。

练习要求： 单腿站在平衡垫或软垫上，支撑脚全脚掌着垫。屈髋完成下蹲动作（图2–58）。单腿重复8~12次，2~3组。

练习作用： 提高深层肌群的募集能力及核心稳定性。

图2–58　平衡垫单腿下蹲

（三）耐力训练

400 米跨栏跑运动员速度耐力训练非常重要。在跨栏技术节奏相差不大的情况下，速度耐力水平在本项目中起到至关重要的作用。而要承受高质量的速度耐力训练，要求运动员必须有很好的心肺功能。因此，在青少年训练期间更重要的是有氧的基础训练，速度耐力训练要谨慎安排，且不宜安排过多。同时要和专项跨栏进行有机结合，否则将可能影响其他方面的训练或使训练质量下降。一般情况，准备期每周 1~2 次，比赛期每周一次或隔周一次为好，并在训练后给予充足的时间进行恢复。青少年训练的过程要从有氧、混合供氧到无氧训练，有计划、按比例地逐年增加难度。

1. 一般耐力训练

（1）有氧训练。

①越野跑：用 4~5 分/千米的速度（不要太快）跑 30~40 分钟（心率 150~160 次/分）。

②法特莱克：（快跑 30~40 秒+慢跑 45~90 秒）×4 次/组×3~4 组。

③用最大强度的 60%~75%慢跑。

④定速定时跑：用 4~5 分/千米的速度跑 30 分钟（心率 150~160 次/分）。

⑤建议初始训练者更多地采用各类游戏、球类活动，以一般性的耐力跑为主，时间从 10~15 分钟开始，以后根据情况酌情增加。

练习作用： 改善机体有氧代谢的能力，发展有氧耐力。

（2）无氧训练。

非乳酸能供能能力练习。

①组合跑：（70 米+间歇 1 分钟+100 米+间歇 1~3 分钟+120 米）×3 组，强度 90%，组间歇 5 分钟。

②强度 90%~95%的短距离间歇跑：60 米×5 次×3~4 组，次间歇 30~60 秒，组间歇 5 分钟。

③强度为 90%以上的各种段落的计时反复跑：组间歇 8~10 分钟。

④短距离变速跑：（快跑 50 米+慢跑 50 米）× 10~15 次，或（快跑 100 米+慢跑 50 米+快跑 150 米+慢跑 100 米）×5~10 次。

练习作用： 发展非乳酸能供能能力。

乳酸能供能能力练习。

①100～200 米固定间歇的重复跑，强度控制在 80%左右。例如：

a. 100 米×6～10 次×1～2 组，间歇 90 秒～3 分钟，强度 85%。

b. 100 米×6 次×1～2 组，10 分钟内完成，强度 90%。

c. 200 米×6 次×2 组，间歇 2～4 分钟，强度 75%～80%。

②400 米组合练习：(300 米+间歇 30～60 秒+100 米)+(200 米+间歇 30～60 秒+200 米)+(250 米+间歇 30～60 秒+150 米)+2～3 组，次间歇 5～8 分钟，组间歇 8～12 分钟。

③相同距离或不同距离间歇跑：300 米×3 次×1～2 组（要求一个比一个快），或 200 米×3 次×1～2 组，次间歇 2～3 分钟；（300 米+400 米+500 米）×1～2 组，或（100 米+150 米+200 米）×1～2 组，次间歇 2～3 分钟，组间歇 15～20 分钟。

④长距离反复跑：450～900 米×3～5 次，次间歇 10～15 分钟，强度 75%～90%。

练习要求： 强度要求应与专项前半程平跑速度相同，以培养保持速度节奏的能力，并随着年龄增长与水平的提高适当缩短间歇时间。在 300 米×3～4 次、500 米×2 次或 300 米×2 次的重复跑中，间歇时间应根据强度的要求在 8～20 分钟不等：强度越高间歇时间越长，反之则越短。青少年以下的运动员间歇时间应以脉搏恢复到 20 次/10 秒 以下再进行下一练习，300～500 米距离不宜进行高强度跑，并要注意课与课之间要有足够的恢复时间，一般在三天以上为宜。

练习作用： 发展乳酸能供能能力。

2. 专项耐力训练

（1）超比赛段落的跨栏跑。

①10～12 栏/组×2～3 组，间歇 10～15 分钟。

②400 米跨栏跑运动员可采用跑超长距离（如 500 米）+过 5 个栏的练习1～2 组，间歇 15～20 分钟。

（2）平跑与跨栏交替练习。

①100 米平跑+200 米跨栏跑（过 5 个栏）。

②200 米平跑+200 米跨栏跑（过 5 个栏）。

③200 米平跑+300 米跨栏跑（过 8 个栏）。

练习目的： 提高运动员后半程的专项能力。

（四）柔韧训练

400 米跨栏跑项目对运动员髋及下肢的柔韧性要求较高，适度的柔韧训练，对保证完成动作的幅度、提高肌肉发挥速度力量的效率、防止运动损伤具有重要意义。可采用拉伸法、PNF 法和泡沫轴练习来发展青少年 400 米跨栏跑运动员的专项柔韧素质。

1. 拉伸练习

· 静力性拉伸练习

静力性拉伸练习是缓慢地将肌肉、肌腱、韧带拉伸到一定酸、胀、痛的感觉位置并略有超过，然后停留一定时间的练习方法。这种方法可减少或消除超过关节伸展能力的危险性，防止拉伤。由于拉伸缓慢不会激发牵张反射。一般要求在酸、胀、痛的位置停留 6~8 秒，重复 6~8 次。

练习作用： 提高髋、膝关节及下肢肌肉、肌腱的伸展性，提高下肢完成专项动作的活动范围。

· 肋木或栏架主动拉伸练习

练习要求： 一腿直立支撑，另一腿在肋木或栏架上做正压腿、侧压腿、后压腿、跨栏步侧压腿、跨栏步下腰压腿、弓箭步压腿等。

练习作用： 拉伸下肢肌肉、肌腱，满足专项需要。

（1）跨栏步坐上体前屈。

练习要求： 躯干前倾，摆动腿异侧臂前伸，带动上体加大前倾使头过膝，同侧臂屈肘后摆（图 2-59）。

练习作用： 提高跨越栏架所需的髋部柔韧性。

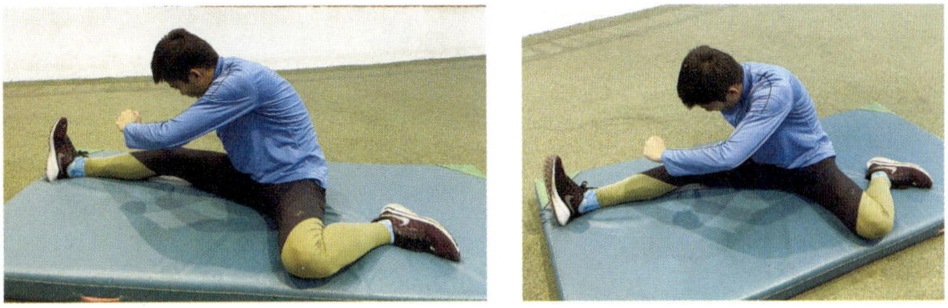

图 2-59　跨栏步坐上体前屈

（2）垫上起跨腿提拉呈跨栏步坐。

练习要求： 跨栏大分腿姿势，起跨腿屈膝后伸髋。上体前倾，起跨腿在垫上向前平移呈跨栏姿势（图 2-60）。重复练习 15~25 次。

练习作用： 提高跨栏步技术中起跨腿提拉的专门技能和髋部柔韧性。

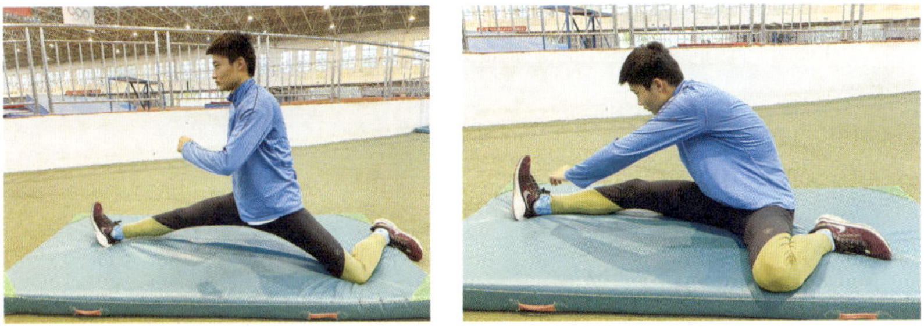

图 2-60　垫上起跨腿提拉呈跨栏步坐

（3）跨栏步坐上体侧屈。

练习要求： 跨栏步坐姿势，两臂上举。躯干向起跨腿一侧侧屈（图 2-61）。重复上述动作，幅度越大越好。

练习作用： 提高跨栏步技术所需的柔韧素质。

图 2-61　跨栏步坐上体侧屈

（4）单腿跪姿体前屈压腿。

练习要求： 起跨腿跪姿支撑，摆动腿直膝前伸勾脚尖，两臂上举。两臂随上体前屈手触脚尖（图 2-62）。两腿交换重复练习。

练习作用： 提高摆动腿攻栏时的专门柔韧性。

图 2 -62　单腿跪姿体前屈压腿

（5）跨栏步坐起跨腿抬膝。

练习要求：垫上跨栏步坐姿势，起跨腿同侧臂前伸的同时摆动腿膝部上抬，起跨腿同侧臂回摆至体侧时，膝部还原至垫上（图 2-63）。重复 15~20 次。

练习作用：过栏时两腿与臂的协调配合。

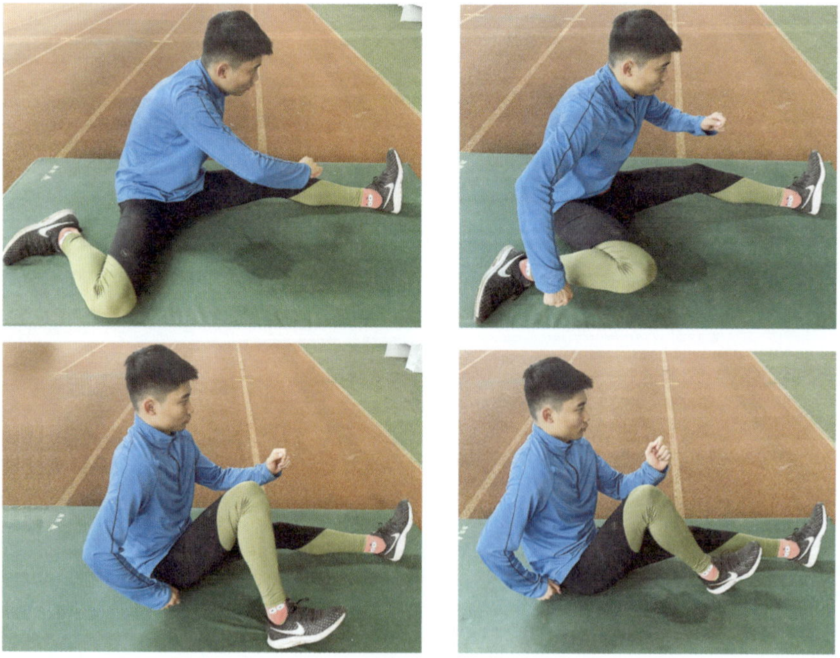

图 2-63　跨栏步坐起跨腿抬膝

（6）双人分腿坐体前屈后倒。

练习要求： 两人依次完成体前屈后倒动作，幅度尽量要大，动作不要过快（图 2-64）。重复 10~15 次。

练习作用： 提高躯干、髋及下肢内侧的柔韧性。

图 2-64　双人分腿坐体前屈后倒

（7）双人跨栏步坐前后屈体。

练习要求： 两人依次完成跨栏步坐的体前屈后倒动作，幅度尽量要大，动作不要过快（图 2-65）。重复 10~15 次。

练习作用： 提高躯干、髋、膝关节肌肉韧带的伸展性，提高过栏时的专门技能。

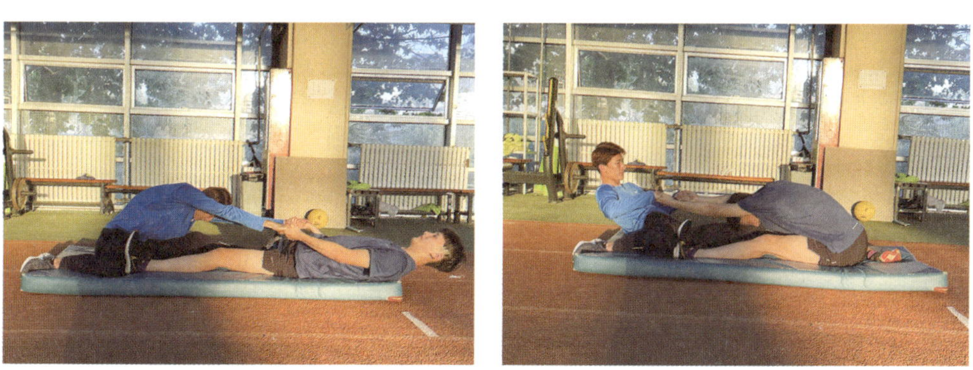

图 2-65　双人跨栏步坐前后屈体

· 动力性拉伸练习

（1）扶肋木摆腿练习。

练习要求：手同肩高扶肋木，上体直立，支撑腿髋、膝、踝三关节伸直，摆动腿大幅度做正摆腿（直腿）、侧摆腿（直腿）、后摆腿、前绕腿（直腿）、后绕腿等练习。要求腰髋发力，起摆速度要快。

练习作用：发展下肢关节、韧带、肌肉的伸展性和快速力量耐力。

（2）行进间摆腿练习。

练习要求：走动中完成正踢腿、侧踢腿、外摆腿、里合腿、后踢腿、起跨腿提拉至胸、摆动腿折叠高抬摆腿等练习。

练习作用：发展下肢关节、韧带、肌肉的伸展性和爆发力。

2. PNF 拉伸

练习要求：PNF 拉伸（本体感觉神经肌肉促进法）主要包括三部分。第一部分，一次被动静力性伸展，同伴帮助练习者尽量拉伸相关部位的肌肉、肌腱与韧带。第二部分，练习者主动收缩被拉伸绷紧的肌肉，同时同伴必须用力对抗阻止练习者相关肢体的移动，持续 5~6 秒（肌肉的用力要和肌肉的状况相适应，如果肌肉有伤，不要用太强的力收缩）。第三部分，相关部位再次被拉伸，幅度超过第一次，持续 15 秒左右。整个过程约 30 秒。组间歇 30 秒左右，每次练习重复 2~4 组。

练习作用：提高被牵拉肌群的伸展性，增加动作幅度。

（1）股后肌群 PNF 拉伸二法（图 2-66）。

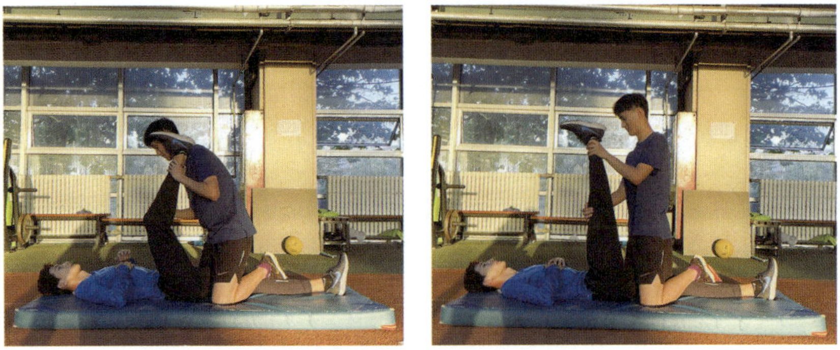

图 2-66　股后肌群 PNF 拉伸二法

（2）大腿内侧肌群 PNF 拉伸三法（图 2-67）。

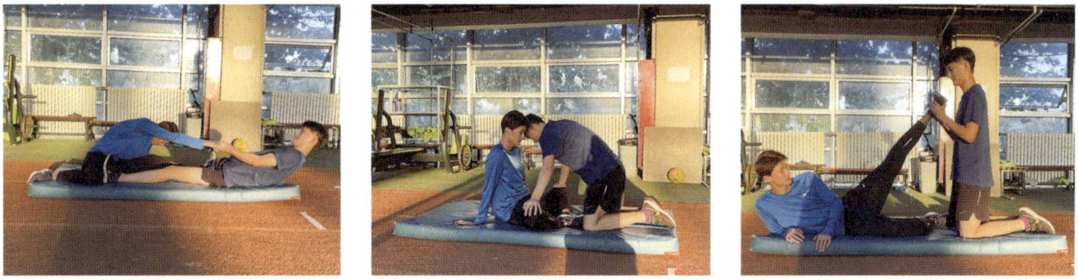

图 2-67　大腿内侧肌群 PNF 拉伸三法

（五）灵敏和协调性训练

400 米跨栏跑项目要求运动员具有快速反应速度、最大位移速度和过栏动作速度，专项灵敏及协调素质主要是提高神经系统的灵活性和肌肉的内协调能力。

（1）原地前后绕栏（栏高 0.76~1 米）。

练习要求： 面对栏架站立，双臂屈肘抱头。一条腿髋、膝、踝充分伸直，在栏前支撑，另一条腿屈膝高抬从栏前经栏上绕过栏成高重心支撑，原栏前支撑腿也按照此动作要求高抬膝绕过栏（图 2-68）。两腿依次高抬膝从栏后绕至栏前。反复练习 25~40 次，2~4 组。

练习作用： 发展髋关节灵活性和肌肉内协调能力。

图 2-68　原地前后绕栏

（2）走动中双腿依次高抬绕栏。

练习要求： 双臂屈肘抱头，摆动腿折叠高抬过栏，起跨腿膝带髋经外侧提拉至正前方后下压过程成高重心支撑。两腿高抬交替绕过栏架。连续过 10 栏，8~12 组（图 2-69）。

练习作用： 发展髋关节灵活性和上下肢协调能力。

图 2-69　走动中双腿依次高抬绕栏

（3）正面屈膝（或直腿）绕栏侧。

练习要求： 栏架一端高重心支撑站立，摆动腿屈膝（直膝）由内至外绕过栏侧，再由外至内绕过栏侧（图 2-70）。可交换支撑腿练习。连续进行 20~40 次，2~4 组。

练习作用： 发展髋关节灵活性和上下肢协调能力。

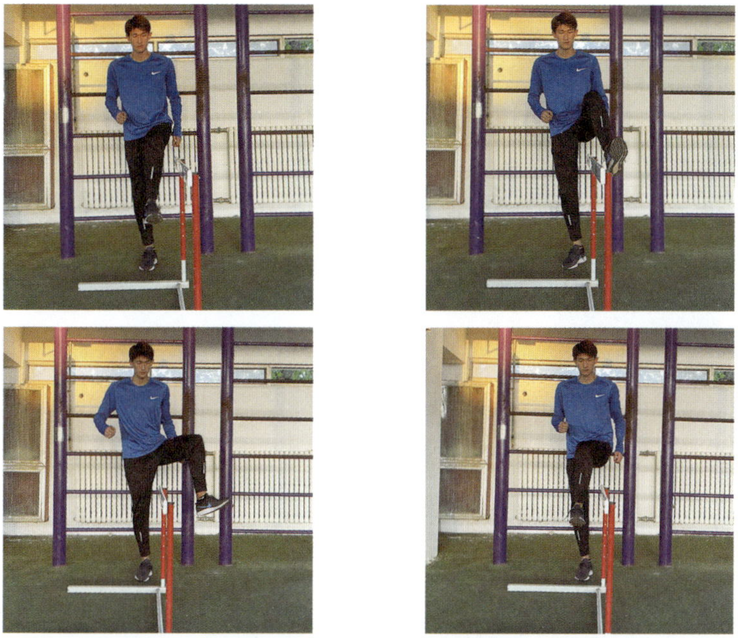

图 2-70a　正面屈膝绕栏侧

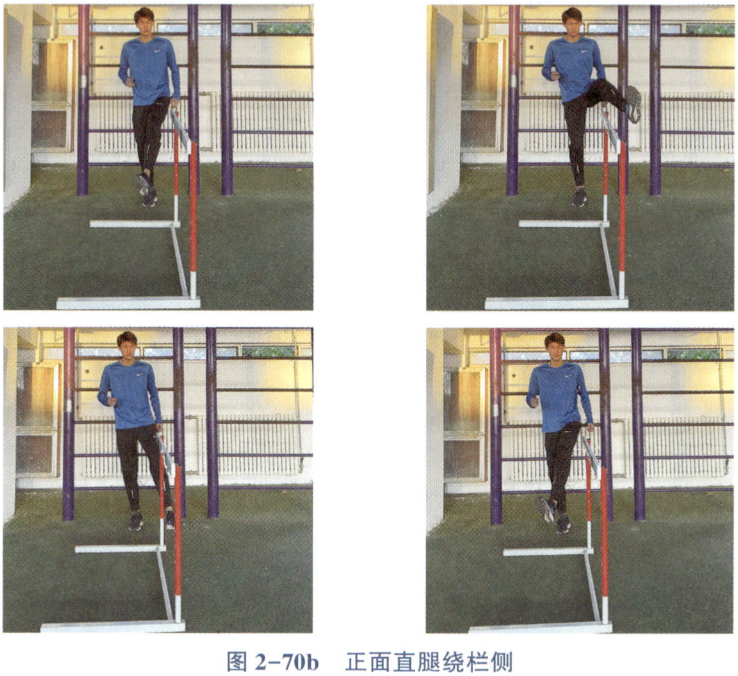

图 2-70b　正面直腿绕栏侧

(4) 背向屈膝栏上绕栏。

练习要求：背对栏架高重心支撑站立，两腿依次屈膝由前至后经栏上绕过栏架，交替进行练习，一步一栏中间不停顿（图 2-71）。连续过 10 栏，5~8 组。

练习作用：发展髋关节灵活性和上下肢协调能力。

图 2-71　背向屈膝栏上绕栏

(5) 后退高抬腿跑。

练习要求：同高抬腿跑，只是背对前进方向进行练习。20~40 米，2~4 组。

练习作用：发展神经肌肉系统的灵活性，提高肌肉的内协调能力。

(6) 绳梯练习。

练习要求：可正向、左右侧向、背向快速跑过绳梯或单、双脚交替小跳过绳梯。2~4 组。

练习作用：发展神经肌肉系统的灵活性，提高动作速度和肌肉协调能力。

(7) 立卧撑跳起转体 360°。

练习要求：由俯卧撑姿势开始，双腿屈膝抬大腿，成全蹲。起立后即刻双脚蹬地，全力、快速纵跳，双臂积极上摆，在空中转体 90°—270°—360°。衔接下一个动作时要迅速屈膝下蹲，在双手即将撑地的同时，双脚向后伸蹬，成俯卧撑。连续进行 15~30 次，1~3 组。

练习作用： 发展神经肌肉系统的灵活性，提高肌肉的内协调能力。

（8）双摇跳绳。

练习要求： 双手持绳两端，绳从背后向前摇动，双脚跳起时，双手快速抖动摇绳，使绳在脚下通过两次落地。重复 30~60 次，2~4 组。

练习作用： 发展上下肢协调能力和快速力量耐力。

（9）俯撑高抬腿反应练习。

练习要求： 原地俯撑高抬腿跑练习，听到信号后迅速启动向前跑。15~25 米，2~4 组。

练习作用： 发展反应速度及协调能力。

此外，还可进行一些技巧练习和球类运动，对培养青少年 400 米跨栏跑运动员的灵敏性和协调性都有良好效果。